元京セラ常務秘書室長
元日本航空会長補佐 大田嘉仁

「側近中の側近」だから聞けた

稲盛和夫 明日からすぐ役立つ15の言葉

Kazuo Inamori

三笠書房

プロローグ

稲盛和夫さんの言葉には、「あなたを動かす力」があります

稲盛和夫の「**側近中の側近**」――。

今から十年ほど前から、私は周囲の方からそう呼ばれてきました。

「側近中の側近」――そう呼ばれるようになったのには、少々理由があると思います。

私は京セラで稲盛さんが会長だった頃から、およそ二十年間、秘書室長として、稲盛さんに仕えてきました。その後、**稲盛さんが名誉会長となられて、京セラがまさに成長、発展していく過程で、私はつねに稲盛さんの側で仕事をしてきた**のです。

二〇一〇年、日本航空（JAL）が経営破綻をし、稲盛さんは政府からの強い要請を受けて、JALの会長に就任します。JALの再建に向けて、稲盛さんは京セラから二人の部下を連れて行くと発表しました。**そのうちの一人が、たまたま私だった**のです。

当時、稲盛さんは私のことを、「ＪＡＬ再建のため、最も信頼している大田君を副官として連れてきました」と紹介しました。その有難い言葉に感謝をする一方で、私は内心、これまでに味わったことのない重圧を感じたのも事実です。

私が「側近中の側近」と呼ばれるようになったのも、ちょうどその頃のことだったように記憶しています。ＪＡＬで私は会長補佐として、稲盛さんのＪＡＬ再建のお手伝いをしてきました。ＪＡＬの再建はまさに「**破綻から再生**」――ゼロから立ち上げた京セラの「**成長、発展**」という文脈とは、まったく違った仕事だったのです。

つまり、稲盛さんの秘書になって以来、約三十年もの間、私はさまざまな環境、現場で、稲盛さんのさまざまな姿、考え方を間近で見聞きしてきたことになります。これが貴重な体験であることは、当然、私も自覚していました。この間、私は**稲盛さんから、その人生観、仕事観をできるだけ多く吸収しようと努めてきた**つもりです。

私は秘書になった当初より、稲盛さんの話をお伺いすることがあれば、一言も聞き漏らすまいと、**稲盛さんの言葉をできるだけノートに書き留めるようにしてきました**。ただ書き留めるだけでなく、その都度、読み返して、稲盛さんの人生観、仕事観を理解し、自分の人生に活かそうとしていたのです。気がつけば、**そのノートは50冊を優に超えていました。**

じつは、そのノートに書かれた膨大な言葉から生まれたのが、この本なのです。

私は誰よりも長く、誰よりも近いところで、稲盛さんに接していたわけですから、それだけ多く、稲盛さんに叱られたり、諭されたりしてきました。本書には、私に直接発せられた稲盛さんの言葉もたくさん収録しています。

今にして思えば、稲盛さんからたくさんの言葉を頂戴し、聞いてきたからこそ、人間としても、仕事人《しごとじん》としても、私は少しは成長することができたのではないかと思っています。

稲盛さんの言葉には「力」がある——。

私は自分の経験から、そのことを確信しています。

そして、稲盛さんの言葉に「力」があるのは、それだけ明確な理由があるのです。

稲盛和夫さんの言葉に「効能」と「実績」がある理由

「それでも、天を敬い、人を愛する（敬天愛人）」——。

これは稲盛さんが生前、よく口にされていた言葉の一つです。

この言葉をわかりやすく解釈すれば、「挫折や苦労をすることがあっても、挫けず、あきらめず、人間として何が正しいかで判断し、人を憎まず、思いやりを持って行動していれば、人生は必ず好転する」といったような意味になります。

ただ、この言葉を見て首をかしげる読者も、少なからずいるかもしれません。

「天を敬い、人を愛する（敬天愛人）――**それだけで人生は果たして好転するのか？**」

「何が正しいかで判断し、思いやりを持って行動する――**当たり前ではないか？**」

稲盛さんの人生観、仕事観を十分に理解していない人が、このような疑問を持つのは、ある意味、無理のないことかもしれません。ただ、本文で説明するように、稲盛さんの一つひとつの言葉には、それぞれ深い意味があり、大きな力があることは事実です。

その力をもっともよく実証、体現されていたのが、稲盛和夫さんご本人なのです。

「それでも、天を敬い、人を愛する」――。

この言葉があったからこそ、京セラの「成長、発展」、さらにはＪＡＬの「破綻から再生」という成功物語があったと言っても過言ではないと私は考えています。

稲盛さんは、**若い頃、多くの挫折を経験されてきた方**です。

まずは、子どもの頃、当時、「死病」とまで言われて恐れられていた**結核に感染**します。一命を取り留めたものの、成績が優秀だったにもかかわらず、病気を押して受けた**中学受験に失敗**してしまいました。

その後も、稲盛さんは、人生の節目、節目で失敗を続けます。

大学受験では**志望大学の受験に失敗**。気を取り直して地元の大学に進み、猛勉強の末、優秀な成績を収めたものの、**就職活動はことごとくうまくいきません**。

大学の教授の紹介で、京都にある小さな製造会社に就職したものの、その会社は今にも潰れそうな赤字会社。**初任給から遅配があり、給料日に支払われなかった**そうです。人生の門出にあたって、そのような環境にいる自分について暗たんたる思いに駆られ、稲盛さんは自らの運命をよく嘆いていたと聞きます。

ただ、そのような人生の不条理にあって、稲盛さんは、挫けず、あきらめませんでした。

「それでも、天を敬い、人を愛する」——。

稲盛さんは、この言葉を、何度も何度も自分に言い聞かせていたのかもしれません。そして、人間として何が正しいかで判断し、行動されていたのでしょう。

実際、**その後、稲盛さんの人生は徐々に好転していく**のです。

一生懸命に働くうちに、多くの賛同者が現れることになり、京セラを創業することになります。それからも「それでも、天を敬い、人を愛する」といったことを実践されてきたのでしょう。だからこそ、その後の京セラの「成長、発展」、さらにはＪＡＬの「破綻から再生」といったことが可能になったのではないでしょうか。

数々の苦難を乗り越えてきたからこそ、稲盛さんの言葉には「力」があるように思います。

稲盛さんは、その人生で、ある意味、**「マイナス」を「プラス」に転換されてきた方**です。

そして、そこにはつねに、本書で紹介するような「言葉」があったのです。

人生と仕事に「奇跡を起こす言葉」がある

「**言葉には、言霊《ことだま》と言うように大きな力がある**」——。

稲盛さんは、つねづねそう言っていました。

「マイナスの言葉は、マイナスの結果しか生まない」——。

「否定的な言葉を使ったらダメだ」——。

「そもそも俺の辞書には否定的な言葉はない」——。

稲盛さんは、「言葉」について、このようなことをよく話されていました。

それだけ、稲盛さんは「言葉」に細心の注意を払っていたのでしょう。**「言葉の力」を熟知しているからこそ、その「力」を最大限有効に使うことを考えられていた**のだと思います。

京セラやJALでは、稲盛さんの言葉で、奇跡のようなことが起きることがありました。

稲盛さんが、現場で苦労している社員に対して、まずは「力」のある言葉を口にする。

それによって、その社員の中で意識改革のようなものが起こり、行動が変化し、困難な現実が好転していく——。

この三十年というもの、**私はそのような「奇跡のような場面」を多々見てきた**のです。

その奇跡を起こした「言葉」「場面」を一冊にまとめたのが、この本なのです。

稲盛さんのその「言葉の力」を、今、この時代に働く人々にも届けたい——。

私は、本書をそんな思いで執筆しました。

私がノートに書き留めていた稲盛さんの言葉は、一つひとつの現場で言われた言葉なのですが、今、読み返してみても、時代も業界も超越した普遍的なものがあるように感じられます。**どの時代であれ、どの業界であれ、誰にとっても役に立つ、「誰をも動かす力」**のようなものが感じられるのです。

稲盛さんの言葉は、数々の苦難を乗り越えたことで、生まれたものだからでしょう。

だからこそ、稲盛さんの言葉には「力」があり、確かな実績があるのです。

この本は、稲盛さんの人生観を仕事に活かす「生きた教科書」

本書では、稲盛さんの言葉を中心に15個選び、それぞれ大項目の見出しにしています。

それぞれの言葉が、それぞれの現場で、それぞれの社員の仕事、人生を少しでも善いものにするために、稲盛さんが口にされた言葉です。

ですから、15個の大項目は、それぞれ**15個の「白熱ストーリー」**として読むこともできます。私はそれぞれの「白熱ストーリー」を執筆しながら、それぞれの現場の困難な状況、稲盛さんと社員、また私との白熱した対話などを思い出し、改めて、人生に、仕事にプラスとなる考え方を教えていただいた気持ちになりました。

読者の方も、この本を通じて、稲盛さんとの対話を「体験」できると考えています。

この本では、働き盛りの社員たちが、稲盛さんに叱られたり、諭されたりするなかで、仕事、人生を好転させていく具体的なエピソードを紹介しています。それぞれの**「白熱ストーリー」を読みながら、稲盛さんの人生観、仕事観を理解できる内容**になっていると思います。

私が大項目の見出しに選んだ15個の言葉以外にも、この本では、稲盛さんの言葉をたくさん紹介しています。ただ、そこに私なりの基準を設けました。

「現場で仕事をしている働き盛りの人にとって、すぐ役立つ言葉」――という基準です。

「この時代を現場から元気にしたい」――という思いが私にはあるからです。

この思いが、私が本書を出版する最大の理由だったように思います。

稲盛さんには、数多くの著作があります。では、なぜ今になって、「側近中の側近」と言われた私が、このような本を出版するのか不思議に思われる方もいるかもしれません。

稲盛さんの本と、私のこの本には一つ、違いがあります。

稲盛さんの本は、どちらかと言うと、主に経営に関する本が多いのですが、この本は、あくまでも「現場で仕事をしている働き盛りの人」に向けて書きました。稲盛さんは経営者でしたから、当然、私のノートには、経営にまつわる言葉も多数ありましたが、この本ではあえて割愛しています。

稲盛さんの人生観、仕事観を、現在、働き盛りの人たちが、どうすれば日々の仕事に活かすことができるか――この本では、それについて、できるだけわかりやすく、丁寧に書いたつもりです。その意味で、この本は、**稲盛さんについての「生きた教科書」「生きた入門書」**と言えるかもしれません。

読者の中には、この本で、私が「稲盛和夫さん」と肩書をつけずに、「さん」という一般的な敬称をつけて呼んでいることに、違和感を覚える方もいらっしゃるかもしれません。

この敬称には、私なりの理由があります。

私は京セラを離れて以来、稲盛さんに「会社の部下」としてではなく、「人生の弟子」

として接してきたつもりです。ですから、私は敬愛の念、親愛の念をこめて、「稲盛和夫さん」と肩書ではなく、敬称をつけて呼んできました。本書でもそれを踏襲しています。

私は自分の人生、仕事のために、稲盛さんの言葉をノートに書き留めていました。

その私のノートを本書のような形で社会に還元し、**稲盛さんの有益な人生観、仕事観を一人でも多くの人に知ってもらうことは、大変意義深いこと**だと感じています。この本では、私の失敗談も数多く紹介しているので、世の中に恥をさらすことになるかもしれません。ただ、それが働き盛りの人の役に立てるのであれば、ありがたいことだと感じています。

そして、それこそが、わが師・稲盛和夫さんに対する御恩返しになると信じています。

この本が、この時代に生きる、働き盛りの人の「力」となることを心から願っています。

大田嘉仁

2章 稲盛和夫「より良い仕事ができる」4つの言葉

6
「怖がり屋」だから、周到な準備ができる。

3章
稲盛和夫「正しく判断できる」2つの言葉

4章

稲盛和夫「高い目標を成し遂げる」3つの言葉

5章 稲盛和夫「創造性が高まる」2つの言葉

15 見えてくるまで、考えよう。

進行協力　小松事務所
本文ＤＴＰ　佐藤正人（オーパスワン・ラボ）

1章

稲盛和夫「人間性が磨かれる」4つの言葉

1

謙虚さは「魔除け」になるんだ。

人格を磨き、人として成長する法

「**なぜ俺に、七味唐辛子を渡さないんだ！**」――。

稲盛さんの怒気を含んだ声が、京セラ本社の会長室に響きました。

そのとき、会長室にいたのは、稲盛さんと私の二人だけ。

つまり、稲盛さんの怒りの声は明らかに私に向けられたものでした。稲盛さんの突然の怒りの声に驚いたことを、私は今でもはっきり覚えています。

これは、今から三十年近く前にあった話です。当時、私は四十代になったころでした。ようやく稲盛さんの秘書の仕事も板についてきて、緊張しつつも、**少し慢心が生まれてきたころだった**ように思います。

稲盛さんも当時は、まだ六十代前半でした。

すでに会長職に就かれていましたが、現役の名経営者として第一線で活躍されていて、マスコミにもよく登場していたころです。当時は、**京セラだけでなく、第二電電（現KDDI）、稲盛財団、盛和塾など、稲盛さんが始めた多くの事業や組織が、それぞれ大きく成長していた**ころでもあり、稲盛さんは日々、多忙を極めていました。

稲盛さんが京セラ本社に来られる日も、徐々に限られるようになってきました。

稲盛さんが本社に来られても、打合せをする時間も限られてきます。ただ、当時の私は、秘書として、稲盛さんに報告しなければならない案件をたくさん抱えていました。

稲盛さんが本社に来られる日は、まずは会長室で稲盛さんの話を聞いた後、私が社内外の報告書を説明します。そして、その後、前回、私が稲盛さんから指示されていた案件の進捗状況を説明することになっていました。貴重な時間をムダにしないように、すべての報告を手際よく進める必要があります。

私は、稲盛さんにどの順番で、どのような説明をし、稲盛さんから質問があれば、このように回答しようと、事前にシミュレーションを重ねるのが習い性になっていました。それでも案件が多いため、時間内に報告が終わらないことも珍しくなかったのです。

その日も万全の準備をして、稲盛さんとの打合せに臨んだのですが、結局、時間内に終えることができず、会長室で昼食を取りながら、報告を続けることになりました。

そのような場合、昼食は社員食堂から運ばれてきた**うどんを食べるのが、「定番」**になっていました。運ばれてきた「定番」のうどんをすすりながら、私が報告書の説明をしていたとき、冒頭の言葉が突然、会長室に響き渡ったのです。

その人の「謙虚さ」が結局、その人を助ける

「なぜ俺に、七味唐辛子を渡さないんだ！」——。

寝耳に水とはまさにこのことです。

そのとき、私は集中して報告書の説明をしていたので、最初は、稲盛さんが何を言っているのか、何を怒っているのか、さっぱりわかりませんでした。自分の周りを見回してようやく状況が飲み込めてきた次第です。

たしかに、七味唐辛子は、私の目の前にありました。

ただ、稲盛さんが手を伸ばせば、取れないほどの距離でもない。

「七味唐辛子なんて自分で取ってもいいのに」

その瞬間、**傲慢《ごうまん》にも、そんな思いが頭をもたげました**。

ただ、今にして思えば、まさしくそこだったのです。

私のその傲慢な思いが、稲盛さんの怒りの矛先《ほこさき》だったのです。仕事に集中してさえいれ

ば、自分の上司である稲盛さんにも気を遣わなくてもかまわないという傲慢――。

「七味唐辛子なんて自分で取ってもいいのに」――そう思った瞬間、稲盛さんと私の目が合ったように思います。

稲盛さんは、私の心の底を察したように、話し始めました。

「大田は、相手を思いやる気持ちがないから、七味唐辛子一つも渡せないんだ」

つまり、七味唐辛子を渡す、渡さないといった表面的なことではなく、その根幹にあるもの――相手を思いやる気持ちがない私の心――を、稲盛さんは責めたのです。

稲盛さんは、私の目を見ながら、静かに話を続けました。

「相手を**思いやる気持ちがないのは、自分のことしか考えていないから**だ。そして相手を**思いやる気持ちがないのは、謙虚さがないから**だ」

私はまさに、自分の心を見透かされるような思いでした。「自分のことしか考えていない」「謙虚さがない」――そう言われて否定できない自分がそこにいたからです。

当時、私は、稲盛さんの秘書となり、数年が経っていました。

稲盛さんと行動を共にする機会が、目に見えて増えてきたころです。稲盛さんと一緒に、会長専用車に乗って移動したり、財界の要人と会食したりしているうちに、知らず知らず謙虚さをなくしてしまったのかもしれません。自分としては、いつも緊張していたとは思いますが、自分が置かれている環境に慣れが生まれてきたのは間違いないでしょう。

そして、おそらく稲盛さんも、私のそのような変化に気づいていたに違いありません。

日々、相手を思いやる気持ちや謙虚さをなくしていく部下。

そんな部下をいつか注意しなければと思って、その機会を待っていたのだと思います。

それがたまたま、七味唐辛子だったのです。今、この原稿を書いていて、このときの稲盛さんの言葉が、その後の私を救ってくれたと痛感します。

その人の謙虚さが、その人を助ける――私はそのことを学んだのです。

「相手を思いやる」ことは、「自分を思いやる」こと

私はおそらく、顔面蒼白になっていたと思います。

稲盛さんの言葉で、自分の至らなさに思い至り、顔から血の気が引いていくのが自分で

もわかりました。

稲盛さんは、そんな私を見て、今度は優しい口調で話し始めました。

「大田、謙虚さは魔除けなんだぞ」

稲盛さんの言葉はさらに続きます。

「自分のことしか考えていない人間は、横柄になって、仕事でも自分中心の判断をするようになる。それじゃ正しい判断もできないし、誰の協力も得られなくなってしまう。謙虚さを失って、自分の能力を過信するようになると、努力をしなくなる。だから、人として成長しない」

「謙虚さが本当に大事なんだ。少しぐらい仕事がうまくいっても、けっして自分の成果だと思ってはいけない。つねに周囲の人に気を配って、謙虚でいる。結局、そういう人に、人は集まってくるんだ」

「自信過剰で自分のことしか考えていない人間に、うまい話が来たらどうなる？　そういう儲け話に乗ってしまって、結局はみんな失敗し、すべてを失うのだ。俺はこれまで、そんな不幸な人間をたくさん見てきた。だから、謙虚さを失ってはいけない。謙虚さは魔除けなんだ」

これらの言葉は、私の心に染み入りました。

結局、謙虚でいれば、**「相手を思いやる」だけでなく、「自分を思いやる」ことにもなる。**

稲盛さんの話を聞きながら、私はふと、そんなことを思いました。

「謙虚さは魔除け」――。

実際、その言葉を聞いたその日から、私は変わり始めたように思います。

その後、三十年というもの、私は京セラの発展、ＪＡＬの再建にあたって、仕事においては大変な努力と苦労をしました。ただ、この長い間にわたって、うまい話や魔物がやって来たことは一度もなかったのです。

「魔除け」があったからかもしれません。

2

成功を「試練」と思えるか、どうか。

成功が持続する人、単発で終わる人

「稲盛会長にほめられたら、気をつけろよ。大田君」——。

意味不明な言葉が、京セラ本社の社長室に響きました。

この言葉は、当時、京セラの社長を務められていた伊藤謙介さんの言葉です。

伊藤社長は、稲盛さんと苦楽を共にしながら、京セラを創業された方です。人徳があるうえに、リーダーとして大変魅力のある方で、稲盛さんからの信任がとても厚いだけでなく、多くの社員から慕われていました。

私もその一人であり、秘書室長として、社長に多くの案件を報告する関係上、有難いことに、毎日のように接するという幸運に恵まれました。その日は、稲盛さんの肝煎《きもい》りで開催された、あるイベントの結果を伊藤社長に報告していたのです。

そのイベントは、日本全国から多くの経営者を集め、一堂に会し、**日本の経営パワーを集約させ、経済活性化の一助にしよう**というものでした。そして、稲盛さんから直々に、なんと私が、そのイベントの責任者を頼まれたのです。

「お前が事務局となって、このイベントを成功させてほしい」——。

ある日、稲盛さんからそう言われたときは、正直、驚きました。青天の霹靂《へきれき》とはまさにこのことです。

ただ、イレギュラーなイベントということもあり、**準備期間は、その時点でわずか1カ月余り**。しかも、スタートしたのが年末ということもあって、なかなか思うように準備が進みません。いつもは前向きの私も、ちょっと焦ってきました。

稲盛さんも、そんな私を見て、心配になったのかもしれません。

「あまり無理をするな。準備期間がこんなに短いのだから、うまくいかなくても仕方ない」と、私に慰めの言葉をかけてくれました。

しかし、稲盛さんから直々に、「このイベントを成功させてほしい」と頼まれた以上、私としては「うまくいかなくても仕方ない」とあきらめるわけにはいきませんでした。このイベントをどうしても成功させたいと思い、社内外の多くの人に相当の無理をお願いしたことを覚えています。

今にして思えば、稲盛さんの肝煎りのイベントということで、財界の親しい方々が最終的に全面的に協力してくれたことが大きかったように思います。結果、**日本全国から2000名以上の企業経営者が集まる一大イベント**となり、マスコミにも大きく報道されることになりました。大成功と言っていいくらいの結果だったかもしれません。

イベント終了後、興奮がまだ覚めやらぬ会場で、稲盛さんから私は大変ほめられました。

「大田、ありがとう。よくやってくれた！」と私の手を握りながらほめてくれたのです。

稲盛さんが、ここまで感情を込めて、社員をほめたことは見たことがありませんでした。

私にしても、これまでも稲盛さんにほめられたことはありましたが、**手を握ってほめられたのは、長い秘書人生において、これが最初で最後**です。

稲盛さんから手を握ってほめられて、私は感激しました。

そして少しばかり、有頂天になっていたように思います。

稲盛会長にほめられたら、なぜ「気をつける必要がある」のか？

「稲盛会長にほめられたら、気をつけろよ。大田君」――。

京セラ本社の社長室で、この冒頭の言葉を聞いたのは、それから数日後のことでした。

その日、私はイベントの結果報告をすべく、伊藤社長のアポを取り、社長室に入ったのです。伊藤社長も当然、稲盛さんの肝煎りのこのイベントのことは知っており、その結果を気にされていたからです。イベントが成功裏に終わったことを報告し、最後に、イベント終了後、私が稲盛さんにほめられたこともつけ加えました。

おそらく、少し自慢げに話していたと思います。

すると、伊藤社長は急に厳しい顔になり、冒頭の言葉が発せられたのです。

まったく想定外の言葉でした。稲盛さんと同じように、伊藤社長もほめてくれるものと思い込んでいた私は、かなり驚きました。

「稲盛会長にほめられたら、なぜ気をつける必要があるのか」――。

言葉こそ出てきませんでしたが、私の頭の中は疑問だらけでした。

伊藤社長は、驚いている私を真剣な眼差しで見つめて、次のように諭《さと》してくれたのです。

「大田君、創業以来、京セラには、一生懸命努力し、苦労を重ね、新製品の開発や新規顧客の開拓に成功してきた人はたくさんいる。稲盛会長は、そのような人を心の底からほめる。しかし、問題なのは、そこからなんだ。**稲盛会長からほめられた後が、問題**なんだ」

「ほめられた後が、問題」――。

伊藤社長の話を聞いているうちに、私もだんだん興奮から覚め、冷静になってきました。

「大田君、稲盛会長からほめられて、**有頂天になって、謙虚さをなくし、天狗《てんぐ》になってしまった人もいる。**実際は職場のみんなで必死になって成し遂げたことなのに、まるですべてを自分一人の功績のように勘違いすれば、その後はどうなるかわかるだろう」

稲盛さんからほめられて、天狗になってしまった人――。

たしかに周囲を見渡してみると、そのような人がいたのも事実です。

京セラの社員として一生懸命努力をし、仕事を成功させ、稲盛さんからほめられる――それは大変嬉しいことに違いありません。ただし、ここで謙虚さをなくしてしまったために、その成功が、その後の人生において、逆に仇《あだ》になってしまった人もいるのです。

伊藤社長は、そうなったらいけないと、私に注意してくれたわけです。

私が納得したのを見て、伊藤社長も安心したのでしょう。笑顔で送ってくれました。

ただ、今でも、私は、仕事がうまくいき、人からほめられると、すぐに調子に乗ってしまいそうになります。そんなとき、有難いことに、伊藤社長の言葉が聞こえてくるのです。

「ほめられたら、気をつけろよ。大田君」――。

成功という「試練」で、人は試されている

「**成功も試練です**」――。

稲盛さんは、京セラの役員会、社外の講演会などで、この言葉をよく口にしていました。

その意味では、**この言葉は、稲盛さんの口ぐせと言ってもいい**かもしれません。

今でこそ、私は「成功も試練」という言葉の意味を多少なりとも理解していますが、最初、この言葉を耳にしたときは、違和感というか、**反感に近いものさえ覚えた**ものです。

「成功も試練だって？　まさか」

「成功は成功じゃないか。成功が試練であれば、誰も成功など目指さなくなる」

といった具合です。ですから、今、この本を読んでいて「成功も試練」という言葉に違和感を覚える読者がいたとしても、何ら不思議ではありません。

いや、むしろ、この言葉に違和感を覚える読者のほうが、多いのではないでしょうか。

稲盛さんの下で長く秘書室長を務めた私でさえ、最初は反発を感じたのですから。

一般的には、「試練」とは思いがけない困難に直面したときや、何か失敗したときに使われる言葉です。ただ、その「試練」は苦難、苦痛を伴うので、ある意味、わかりやすい。それが「試練」であることがわかっているので、その「試練」を乗り越えるべく、反省し、努力する——仕事人《しごとじん》であれば、これは当たり前のこととさえ言えます。結果、そのような「試練」を乗り越える人も少なくありません。

ただ、稲盛さんが言う「試練」とは、そのような「試練」だけではないのです。

稲盛さんは、その先のことを危惧しているのです。

「困難」や「失敗」ではなく、**「成功」という顔をした「試練」**です。

この「試練」は苦難を伴わないばかりか、幸福感さえ覚えるので、わかりづらい。「試練」とは思えないので、当然、それを乗り越えるべく、反省し、努力することもない。

結果、人生において、思わぬ失敗を招くことがあるのです。

先ほどの例でわかりやすく説明しましょう。『困難』や「失敗」といった「試練」を乗り越えるべく、反省し、努力する——長い道のりを経て、人に言えないような苦労を重ね、どうにかその「試練」を乗り越えて、やっと「成功」を手にする。

しかし、じつはここからがまた「試練」なのです。

成功したとたん、そこで満足してしまう人が少なくないからです。

また、成功したのは自分の努力と才能の結果だと、驕《おご》りが出てしまう人もいます。さらに具合が悪いことに、成功すると、周囲の人の態度が変わるのです。その成功を称賛し、場合によってはおだてたりします。

そうすると、いつの間にか、謙虚さを失い、感謝の気持ちもなくし、自分の能力を過信し、努力もしなくなる。結果的には、その成功が失敗を招いてしまう。だから「成功も試練」なのです。

ただ、「試練」を乗り越えて、やっと「成功」を手にした場合、その「成功」も「試練」と思うことなど、できるものではありません。本項冒頭の私のように、1カ月ほど必死で頑張っただけでも、人からほめられれば有頂天になる人も少なくないはずです。

では、どうすればいいのでしょうか?

「神様は成功という試練を与え、その人物を試している」——。

稲盛さんの言葉で言えば、そう肝に銘じるしかないのです。

「成功より重要なこと」に目を向ける

「成功」というものに対して、最近、若い方が誤解しているように思うときがあります。

ビジネスにおいて、「1回の成功」というのは、あまり意味がないのです。

もちろん、その成功をもたらしたのは、本人の謙虚な姿勢であり、努力であり、執念であったりします。また、思いがけない幸運だったり、多くの仲間の協力だったりもします。

その意味では、その成功は尊いものであり、素直に喜ぶべきものです。

ただ、その成功が一過性のものであれば、ビジネスではあまり意味がありません。

ビジネスで**重要なことは、成功を持続させること**なのです。とは言っても、「1回の成功」でさえ大変な努力が必要なわけですから、そう簡単なことではありません。

では、成功を持続させるには、どうすればいいのでしょうか。

成功を持続させるための答えが、先ほどご紹介した稲盛さんの言葉なのです。

「神様は成功という試練を与え、その人物を試している」——そう肝に銘じるのです。

稲盛さんが、ある会合で、この言葉について説明されていたときのことを、私は今でもハッキリ覚えています。

「神様は成功という試練を与えて、その人が、どの程度の人物かを試しているんだ」——。

稲盛さんは、さらに続けました。

「その人が、その程度の成功で、**謙虚さを失い、驕り高ぶるような人物なのか**。

それとも、その成功は、周囲の支援と幸運によってもたらされたものであり、自分の能力以上のものだからと、その人が**感謝の気持ちを忘れずに、さらに努力を重ねようとする人物なのか**。神様はそれを試しているんだ」

宗教心がそれほど強くない私も、この言葉を聞いて崇高な思いを感じたものです。

それと同時に、「成功も試練」という思いの大切さが腑に落ちたように感じられました。

成功を持続させるためには、私たちは後者のような人物にならなければならないのです。

つまり、稲盛さんが言うように、「自分の成功は、周囲の支援と幸運によってもたらされたものだから、**感謝の気持ちを忘れずに、さらに努力を重ねようとする人物**」を目指すべきなのです。

実際、一度は脚光を浴びたにもかかわらず、いや、脚光を浴びたからこそ、いつの間にか消えてしまう著名人は少なくありません。芸能人、スポーツ選手だけでなく、かつては一流とまで言われていた経営者にも、そのような人がいます。

神様から与えられた「成功という試練」を、残念ながら乗り越えられなかったのです。

稲盛和夫の「成功が持続する」言葉

稲盛和夫という人は、**「成功という試練」を、つねに乗り越え続けた方**だと思います。

京セラでは秘書室長として、その後、ＪＡＬでは会長補佐として、三十年近く、稲盛さんをずいぶん近いところから見てきましたが、心からそう思います。この長い年月、稲盛さんは仕事で数々の成功を収めていますが、私には「謙虚さを失い、驕り高ぶるような」稲盛さんを見た記憶が一度もないのです。

だから、稲盛さんは生涯にわたって、成功を持続できたのだ――私はそう思います。

そのことを象徴するようなエピソードがありますので、ご紹介しましょう。

今から二十年ほど前のことです。

その日、稲盛さんは、ある大手新聞社の取材を受けていました。当時は、現役の経営者として第一線で活躍されていたころで、実業界だけでなく、世間一般からも久しく尊敬を集めていました。

取材の途中で、新聞記者の一人が突然、非常に唐突な質問をしたのです。

「稲盛名誉会長は、京セラも、ＫＤＤＩも大成功させています。**その成功の秘訣は何ですか？**」

新聞記者にしては、ずいぶんと漠然とした質問だなと思ったことを覚えています。ただ、それと同時に、**「名経営者・稲盛和夫」**の本質を突くような大胆な質問でもあったので、同席していた私は、稲盛さんがどのような回答をするのか耳をそばだてて聞いていました。

稲盛さんは、質問に対して静かに答えました。

「成功？　いや、私は自分がまだ成功したとは思っていません」

記者の方はあっけにとられ、かなり戸惑っていました。「成功は試練」という考え方を知らなかったから無理もありません。

当時、稲盛さんは七十歳を超えていました。

記者の方は、おそらく――京セラとＫＤＤＩという現在の大企業を創業し、大変な苦労の末、成功に導いた稲盛さんに半生を振り返ってもらい、成功の秘訣を引き出したい――そう思っていたのでしょう。ですから、稲盛さんの答えに驚き、言葉が出なくなったのだと思います。

しかし、私は、稲盛さんのその言葉こそ、**まさに成功を持続する秘訣**だと思ったのです。

稲盛さんは、記者に対して淡々と続けました。

「**私が目指すところは、はるかに高く、まだ道半ば**なのです。これからも同じように**努力を続けなければならない**と思っています」

低い目標であれば、達成することは簡単です。

しかし、それで「成功した」と喜び、謙虚さを失い、努力もしなくなれば、その小さな成功さえ失ってしまうのです。

「成功も試練」なのであれば、簡単には成功できないような高い目標を掲げ、つまり、簡単には手に届かないような大きな夢を描いて、それに向かって努力を続ければいいのです。

その過程で、周囲の人から「素晴らしいですね」と称賛されようとも、まだ道半ばだからと、あくまでも高い目標を追いかけ続ける。

それが、成功を続ける秘訣であり、稲盛さんの生き方なのだ——私は、その新聞社の取材を通して、稲盛さんから間接的にそのことを教えてもらったような気がしました。

ただ、そのとき、そう思ったのは、私だけではなかったようです。取材が終わった後、「だから稲盛さんは成功を続けることができるのだ」と話している新聞社の方たちの声が聞こえてきました。

稲盛さんの考え方は京セラやＫＤＤＩだけでなく、あらゆる業界や仕事にも通用するはずだ——そのとき、私はそう思ったのです。

3

素直に言って、素直に叱られて、素直に反省する。

失敗を「プラスに変換する法」

「叱られて、そっぽを向くヤツが一番ダメなんだ」――。

稲盛さんが、悲しそうにポツリと、そうつぶやいたことがありました。

稲盛さんの**悲しそうな口ぶりが印象的だった**ので、その言葉は今でも覚えています。

これは、今から三十年ほど前、一九九〇年代半ばのことです。

日本とアメリカの良好な関係を模索するために設立された「**日米21世紀委員会**」という国際会議の報告会の後、稲盛さんと二人きりで会議室にいたときのことでした。

そのとき、突然、稲盛さんが冒頭の言葉をつぶやいたのです。

会議室に二人きりでいたとは言え、稲盛さんが、私に向かってつぶやいたわけではないのはわかっていました。人気《ひとけ》のない会議室で「叱られて、そっぽを向くヤツ」のことを考えているうちに、思わず、自然と口について出てきたつぶやきだったと思います。

「**叱られて、そっぽを向くヤツ**」――それが誰なのか、何となく察しはつきました。

「日米21世紀委員会」で広報にあたるメディア対応部門を担当していた、京セラのある幹部に対するつぶやき、苦言だったのです。

当時、九〇年代の日米関係は、アメリカが日本に対して巨額の貿易赤字を抱えていたこともあって、戦後最悪といわれるほど険悪な状況に陥っていました。それに対して、強い危機感を募らせていた稲盛さんは、日本、アメリカ、それぞれ民間の立場から日米関係を改善させる方法を模索していたのです。

そして、日本とアメリカを代表する有識者たちの賛同を得て設立したのが、この「日米21世紀委員会」だったのです。稲盛さんの尽力もあって、「日米21世紀委員会」には、**日本とアメリカを代表する錚々《そうそう》たるメンバーが25名**集まりました。

アメリカからは、ジョージ・H・W・ブッシュ（父）元大統領、ハロルド・ブラウン元国防長官、ウイリアム・ブロック元通商代表、日本からは、宮澤喜一《みやざわきいち》元内閣総理大臣、経済企画庁長官も務めた、作家の堺屋太一《さかいやたいち》さんといった顔ぶれです。

稲盛さんは、委員としてこの国際会議を主導することになったのです。

当時の私はまだ三十代で、稲盛さんの秘書としてわずか数年のキャリアでした。その若輩の私に対し、稲盛さんは「事務局として手伝ってほしい」と声をかけてくれたのです。

当時の私には、荷が重すぎる役目だということは承知していました。しかし、不安な気持ちより、**稲盛さんの思いに応えたいという気持ちのほうが強かった**のです。

こうして、「日米21世紀委員会」開催に向けての準備が始まりました。その中で、メディア対応部門のトップには、京セラのある幹部社員に依頼することになりました。その方は、今で言うところのヘッドハンティングのような形で、京セラに中途入社された方で、それまでのキャリアでメディア対応の経験が豊富だったことも、評価の対象になったようです。

稲盛さんが委員を務める国際会議に参加できるということで、その方もメディア対応部門のトップを快く引き受けてくれただけでなく、就任後も、やりがいを感じて仕事をされているようでした。実際、各媒体と数多くのパイプをお持ちだったので、メディア対応部門の仕事は、スタート段階ではとても順調だったように記憶しています。

ところが――**理想的とも思えたこの人選が、「残念な結果」**を生むことになったのです。

成功法則――楽観的に構想して、悲観的に計画する

「残念な結果」の兆しは、今にして思えば、準備の段階ですでにあったように思います。

「日米21世紀委員会」は、日米の要人が集まる大がかりな国際会議ですから、日本のメディアだけでなく、**アメリカのメディアからも注目を集めることが予想**されました。当然のことながら、メディア対応にしても、通常の国際会議とは比較にならないくらい細やかに、かつ幅広く対応することが要求されます。

その幹部も、そのことは十分に理解していますから、綿密なうえにスケール感の大きな計画を練り、その都度、稲盛さんに報告していました。メディア対応部門の報告会にも、毎回、事務局として立ち会っていた私は、その幹部の手腕、着眼点に感服するだけでなく、圧倒されたものです。

ただ、「日米21世紀委員会」のメディア対応は、その会の設立の性格上、日本とアメリカのメディアに単に細やかに、かつ幅広く対応するだけでは十分ではありませんでした。

戦後最悪とまで言われた険悪な日米関係を、メディアの力をも借りて改善する必要があったからです。つまり、メディア対応部門は、ただメディアの窓口を担うだけでなく、**日米関係を改善するために、メディアに強く訴求する必要があった**のです。当然、担当幹部もそのことは熟知していたはずです。

しかし、稲盛さんの熱意と比べると、若干の温度差があったのでしょう。**その温度差が、その後の「残念な結果」を招く原因**になったのかもしれません。実際、メディア対応部門の報告の際、稲盛さんが懸念を示す場面もありました。

「やや楽観的すぎるのではないか」——。

稲盛さんにしてみれば、日米関係を改善するために、メディアに強く働きかける熱意のようなものが不足していると感じたのかもしれません。今にして思えば、稲盛さんのこの言葉こそ、「残念な結果」の兆しだったように思います。

ただ、稲盛さんの懸念に対して、その幹部は、「ご指摘の点は十分に注意しながら進めてまいります。ご安心ください」と力強く答えていました。稲盛さんも、幹部がそこまで言うのならということで了承されました。

「楽観的に構想し、悲観的に計画し、楽観的に行動する」——。

これは**稲盛さんの有名な経営哲学**です。

新しいことを始めて、それを成功させるには、**未来を明るく描く楽観論者のほうが適している**——というのが稲盛さんの考え方です。

ただ、「構想」を具体的に「計画」に移す段階で、楽観論者は道を見誤ることが多いのです。

「計画」には、あらゆるリスクを想定し、それに対し細心の注意を払ってリスクマネジメントをする**「悲観論者の視点」が必要**になります。


そして「行動」するときは、ひたすら成功を信じて、楽観的に行動する。

その担当幹部は、優秀な方でしたから、人一倍「楽観的に構想」し、「楽観的に行動」することは十二分にできたでしょう。

ただ「悲観的に計画」することが十分にできなかったばかりに、稲盛さんから「叱られて」しまうような事態を招くことになったのです。

「失敗を直視する」能力が、人を成長させる

「日米21世紀委員会」の第一回目の国際会議は、大成功のうちに終了しました。

ただ、それはあくまでも外部の方からご覧になっての「大成功」であって、稲盛さんにしてみれば、「まずまずの成功」といったレベルだったようです。

とくに、メディア対応については、残念ながら不満があったようでした。

とは言っても、メディア対応に不備があったわけではありません。

メディア対応の経験豊富な担当幹部が、綿密でスケール感の大きな計画を練り、稲盛さんから指摘された点は注意して進めていたわけですから、普通に考えると至らない点はなかったはずです。

外部の方がご覧になれば、第一回目の国際会議のメディア対応も「大成功」のように見えたかもしれません。実際、日本やアメリカの複数のメディアから、大きな反響があったのも事実です。

ただ、「日米21世紀委員会」は、**ジョージ・H・W・ブッシュ元大統領、宮澤喜一元内閣総理大臣といった、元国家元首クラスの要人が参加している国際会議**です。メディアから、それなりの反響があるのは、考えてみれば、当たり前のことなのです。

しかし、メディア対応に、日米関係の改善を訴求する「力強さ」があったか——。

人からそう疑問を投げかけられれば、**たしかに一考の余地はあった**ように思います。

もちろん、担当幹部は、それ相応の努力はしたはずです。しかし、残念ながら、**稲盛さ**

んが求めているレベルには遠く及ばなかったのです。

「日米21世紀委員会」は、第一回目以降も継続して開催される予定でした。第二回目の国際会議のメディア対応について、報告会が開かれたときのことです。冒頭で、稲盛さんが担当幹部に、先ほどの疑問を投げかけたのです。

メディア対応に、日米関係の改善を訴求する「力強さ」があったか――。

稲盛さんは続けて、最初の報告会と同様の言葉を口にしました。

「やや楽観的すぎたのではないか」――。

私は稲盛さんの下で数年間働いていましたから、稲盛さんが今回のメディア対応を責めているわけでないことはわかりました。むしろ、担当幹部に自らの非を認めて、謙虚に反省してもらい、第二回目の国際会議におけるメディア対応に生かしてもらおうという**前向きの言葉、提言**だったのです。

しかし、その幹部には、稲盛さんの真意が伝わっていないようでした。

今にして思えば、それも無理もなかったのかもしれません。

その幹部は、ヘッドハンティングのような形で、京セラに中途入社したばかりということともあり、「名経営者・稲盛和夫」の人となりを十分には理解していなかったのでしょう。**稲盛さんの言葉の奥にあるもの**に気づかず、ただ叱られているように感じたのかもしれません。

稲盛さんの質問には答えずに、「申し訳ございませんでした。以後、気をつけます……」と言うなり、絶句して下を向いてしまったのです。

その幹部の日ごろの自信に満ちたイメージとのギャップが大きく、驚いたことを覚えています。稲盛さんからすれば、それが「叱られて、そっぽを向く」ように見えてしまったのでしょう。

おそらく、その幹部は**「稲盛和夫」という著名な経営者から叱られているという事実**に、愕然としてしまったのかもしれません。そのため、自分の非を認めて、反省するという余裕を失ってしまったのでしょう。それまでの輝かしいキャリア、そこから自然と生まれたプライドが、その幹部に自らの失敗を直視させなかったのかもしれません。

ただ、自らの**失敗を直視し、反省することから、人はより成長することができる**のです。

その後、私は稲盛さんから、そのことを教わりました。

人は「反省すること」で、向上する

自分の失敗を直視することで、人は仕事人として成長できる――。

私が稲盛さんから、そのことを教わったのが、本項の冒頭の「叱られて、そっぽを向くヤツが一番ダメなんだ」という、悲しそうなつぶやきからでした。

稲盛さんは、悲しそうにポツリと、そうつぶやいた後、ふと我に返ったようでした。

メディア対応部門の報告会終了後、会議室で、おそらくは「叱られて、そっぽを向くヤツ」、つまりその幹部のことを気にかけていたのでしょう。いろいろな思いに没入しているうちに、思わずつぶやいた自分の声に驚かされ、気がついたら、自分の秘書と二人きりで会議室にいた――といった様子でした。

実際、稲盛さんは、私の顔を見て、ちょっと戸惑われていたようです。

ただ、私の顔を見ているうちに、真剣そのものの表情になってきました。**「叱られて、そっぽを向くヤツが一番ダメなんだ」**というつぶやきは、私に向かって言われた言葉ではありませんでしたが、私の顔を見て、稲盛さんは気が変わってきたようです。

と言うのも、当時の私は、仕事こそ熱心だったものの、秘書として数年のキャリアにしては、誰が見ても**少々生意気なところがあった**からです。稲盛さんからすれば、いつ「叱られて、そっぽを向くヤツ」になってもおかしくない部下に思えたのかもしれません。

私をそんな部下にさせないためでしょう。

稲盛さんは静かに、優しく語りかけてくれました。

「素直に言って、素直に叱られて、素直に反省する」——。

唐突な言葉に驚いている私の顔を見ながら、稲盛さんは話を続けました。

「人として成長するには、それが必要なんだ。まずは素直に言う。自分の思いなり、考えなり、夢なりを**素直に言わなければ、仕事も人生も何も始まらない**」

「ただ、その言ったことが、ときには間違えていることもあるだろう。そこで上司なり、取引先なりから叱られることもあるだろう。そのときは、素直に叱られて、素直に反省する。と言うのも、**反省することでこそ、人は少しずつ向上することができる**からだ」

「素直に反省する習慣があれば、軌道修正の役割を果たしてくれるから、**仕事でも人**

生でも大きく逸脱することもない」

「素直に言って、素直に叱られて、素直に反省する」という言葉の意味が、この瞬間、私の中で自然と理解できたように感じられました。

それと同時に、メディア対応部門の報告会での、担当幹部の姿が思い出されたのです。稲盛さんの言葉の奥にあるものに気づかず、ただ叱られているように感じて、絶句して下を向いてしまった姿――。

そこには**「素直に叱られて、素直に反省する」という姿勢**は感じられませんでした。ただ、プライドを傷つけられて、自らの失敗を直視できず、まさに「そっぽを向く」というような印象しかありませんでした。

私が言うのもおこがましいかもしれませんが――あの姿勢では、軌道修正などおよそ不可能で、さらに同じ失敗を繰り返すことになるかもしれない。反省することもないのだから、人として向上するどころか、今後、大きく逸脱することになるのではないか――。

私が、ちょうどそんなことを考えていたときです。

稲盛さんがまた、思いがけない言葉を口にされたのです。

失敗をリセットする「稲盛流・自戒の儀式」

「俺だって……失敗することはあるし、失言することもあるんだ」

稲盛さんの思いがけない言葉に、私は一瞬、耳を疑いました。

当時の私は、それまで数年間、稲盛さんの秘書を務めていたので、この言葉は意外でした。と言うのも、その間、私は、稲盛さんが失敗したり、失言したりするのを、見たことも、聞いたこともなかったからです。「稲盛会長が失敗する？　失言する？　まさか！」と思ったものでした。

ただ、その後、稲盛さんの側近として三十年近く、一緒に仕事をさせていただいた今となれば、状況は当然違います。その長い年月、私は稲盛さんからいろいろなお話を聞いてきたわけですから、稲盛さんの当時の言葉の意味も、今は理解できます。

稲盛さんもおそらく、日々、失敗や失言を繰り返してきたのでしょう。

ただ、その失敗や失言が、われわれ第三者からは見えなかっただけなのです。

言葉を変えれば、第三者からすれば、とりたてて言うほどの失敗や失言でもなかったということかもしれません。ただ、本人からすれば、直視すべき失敗であり、失言だったのでしょう。

たとえば、稲盛さんは、社内外で、若い人に自分の夢を語ることがよくありました。そのようなとき、夢を語って熱くなるあまり、本人にしてみれば、ついつい「調子のいいこと」を言いすぎたということが珍しくなかったようです。秘書としてつねに近くにいた私はまったく感じなかったのですが、稲盛さんにしてみれば、明白な失敗であり、失言であったのでしょう。

稲盛さんは、いつのころからか、**「自戒の儀式」を自分に課すようになった**ようです。なぜなら「素直に叱られて、素直に反省する」とは言っても、**稲盛さんを叱る人など誰もいません**。つまり「素直に叱られて、素直に反省する」には、自分で自分を叱るしかなかったからです。

失敗したその日の夜、もしくは翌朝、洗面所の鏡を見ながら「**バカモン**」と自分を厳しく叱る。続けて「**ごめんなさい**」と反省の言葉を口にする。そして、素直に反省し、明日、もしくは今日から謙虚な姿勢でやり直そうと、心に言い聞かせる――。

これが**稲盛さんの「自戒の儀式」**です。

稲盛さんは、この習慣を「**反省ある毎日を送る**」と表現しています。

私たちの仕事や人生で、失敗は避けては通れないものです。

避けることができないのなら、**失敗をプラスに転化するにはどうすればいいのか**――。

稲盛さんが日々実践していたように、「反省ある毎日を送る」ことこそが、迂遠《うえん》なように見えて、一番の確実な方法なのかもしれません。

4

人生は、死んでからのほうが、長い。

「人生観」は、「仕事」に直結する

「この世で善きことを積めば、死後の世界でも報われる」——。

ビジネス書らしからぬ内容の文言に、驚かれた読者も多いかもしれません。

この言葉も、稲盛さんが実際に口にされた言葉です。

しかも、この言葉は、個人的な会合で言われたものではなく、京都大学の名だたる学者の方たちを前にして言われた言葉なのです。それを聞いて、さらに驚かれた読者もいるかもしれません。

ただ、**そこにこそ「経営者・稲盛和夫」の真骨頂があるように思います。**

つまり、稲盛さんが「仕事の要諦とは——」「経営の要諦とは——」という大命題を語る際、そこには必ず、**稲盛さんの死生観なり人生観が反映されているのです。**だからこそ、稲盛さんは、仕事においても、経営においても、目先の利益や短期的な結果を追い求めるのではなく、長期的な視点から壮大な構想を思い描くことができたのでしょう。

逆に言えば、確たる死生観や人生観がない限り、いい経営はもちろんのこと、いい仕事もおぼつかないということなのかもしれません。名経営者に読書家が多いのは、そのあたりにも理由があるようにも思います。読書を通じて、確たる死生観、人生観を身につけようとしているのではないでしょうか。

実際、**稲盛さんも大の「読書家」**でした。

経営書や理工学系の専門書など仕事に直結する書籍はもちろんのこと、哲学書や宗教書など人間についての思索を深める書籍もよく読まれていました。また、ご自身が書籍を通じて多くの知見を得た経験を踏まえ、京セラの社員たちにも、事あるごとに読書を推奨されていたものです。

「現場での経験も大事だが、読書も同じぐらい大事だ」——。

これは、稲盛さんが、社員たちに読書のメリットを説く際によく言われた言葉です。

当時は、自分なりに納得して聞いていたこの言葉も、今にして思えば、改めてすごい言葉だと思います。経営者が、**日々の仕事における「現場での経験」と「読書」をほぼ同等のものとして扱っている**からです。

経営者として、そこまで踏み込んで発言するのも、勇気のいることだと思います。

稲盛さんにとって、読書から得られた人生観は、それだけ有益なものだったのでしょう。

いい「人生観」は、いい「仕事」に直結する——ということなのかもしれません。

物理も人生も「マイナス」があれば、必ず「プラス」がある

確たる人生観があればこそ、仕事も確固たるものになる――。

そのような思いが強かったからでしょうか、稲盛さんはさまざまな勉強会に参加・主催していました。読書だけでは一方向のインプットになりがちですが、勉強会であれば、インプットだけでなく、アウトプットも必要になるので、**双方向のより濃密なコミュニケーションが可能**だと判断されたのかもしれません。

その勉強会の一つに、京都大学の各分野を代表する学者の方々を毎回十名ほど、定期的にお招きするという、**大変贅沢な勉強会**がありました。内容については、哲学、心理学から数学、宇宙物理学、医学など、それぞれの専門分野について、学者の方に講義をしていただき、その後に議論を交わすというものでした。

勉強会のメンバーは、ノーベル生理学・医学賞を受賞した本庶佑《ほんじょたすく》先生、文化庁長官も務められた心理学者の河合隼雄《かわいはやお》先生、世界的な数学者の広中平祐《ひろなかへいすけ》先生などなど、**日本を代表**

する一流の方々ばかりでした。

「大田、勉強になるからお前も参加したらどうか」――。

幸運なことに、私は稲盛さんから、その勉強会に参加することをお許しいただいたのです。おそらく自分の秘書として、**多少なりとも確たる教養、人生観がなくては困る**と判断されたのでしょう。実際、このときの体験は、私のその後のビジネス人生――京セラの成長、JALの再建――に大変役立っています。

また、現在、私は、健康家電、美容機器メーカーであるMTGの会長職を務めています。MTGは、ポルトガルが生んだ世界的なサッカー選手、クリスティアーノ・ロナウド選手と共同開発した「SIXPAD（シックスパッド）」などの国際ブランドでも知られています。そのようなワールドワイドのビジネスにおいて、この京都大学の学者の方々との勉強会で得たものの見方、考え方が活かされていると感じることも少なくありません。

その勉強会で、**私の人生観に影響を与えた**回があります。

その回の勉強会は、今でもハッキリと覚えていますので、ここで紹介したいと思います。

「この世で善きことを積めば、死後の世界でも報われる」――という本項の冒頭の言葉も、その回で稲盛さんが口にされた言葉なのです。

その回の勉強会で、稲盛さんが学者の方々を前に、ご自身の人生観について語る機会がありました。

「私は長く技術開発に携わってきた人間なので、つねに論理的にものを考える習慣がついています。ですから、物理現象だけでなく、**この世で起こることはすべて、つじつまが合っている**と考えています」

「つまり、物理現象では、プラスがあれば必ずマイナスがある。マイナスがあれば必ずプラスがある。それは**人生についても同様で、マイナスがあれば必ずプラスがある**のではないでしょうか」

京都大学の学者の方々からすれば、ふだんは聞き慣れない話だったと思います。

ただ、現役の経営者として、これまで多大な実績と成功を収めている稲盛さんの人生観ということもあってか、学者の方の誰もが興味津々で耳を傾けていました。

稲盛さんは、さらに話を続けます。

「自分だけが得をするような**利己的な生き方をすれば、そのときはよくても、**

けっして長続きしないように人生はなっているのではないでしょうか。一方で、自分の苦労を厭《いと》わず、他に善かれかしと願うような**利他的な生き方をすれば、素晴らしい人生を送ることができる**のではないでしょうか」

静まり返った会場で、誰もがそれなりに納得されている様子でした。

ただ、このとき、風向きがちょっと変わることが起こったのです。

突然、静寂を破って、稲盛さんに質問をした学者の方がいたのです。

来世でも「素晴らしい人生」を送る法

「**稲盛会長にお聞きしたいことがあります**」——。

その学者の方は、大変丁寧に話を始められました。

今にして思えば、この方の質問がなければ、この回の勉強会もそれほど強く私の記憶に残らなかったかもしれません。その意味では、この勉強会は、**双方向の濃密なコミュニケーションが図られた有意義なものだった**と言えるでしょう。

実際、この方の質問が、**二つの価値観の化学反応のようなものを引き起こした**ように思います。そして、その化学反応があったからこそ、稲盛さんや他の学者の方のさらに興味深いお話を聞くことができたのです。

その方は稲盛さんに、次のように話されました。

「稲盛会長の仰ることはよくわかります。ただ、現実に目を向けると、自分だけが得をするような**利己的な生き方をして、成功している人**も多いように思えます」

さらに、その方は言葉を続けて、稲盛さんに質問をしました。

「その一方で、自分の苦労を厭わず、他に善かれかしと願うような生き方をされていて、その人生においては素晴らしい人格は築かれたのでしょうが、結局は**成功することもなく、残念ながらそのままこの世を去ってしまう人**もいます。これについては、どう考えればいいのでしょうか?」

再び会場が静まり返りました。

と言うのも、稲盛さんの秘書の私でさえ、「この学者の方が仰っていることは、一理あるな」と思ったくらいなのです。会場にいらした他の学者の方たちにしてみれば、この質問に対して、稲盛会長が何と答えるのか、それこそ固唾《かたず》を呑むような気持ちだったのではないでしょうか。

稲盛さんはおおむね、次のように答えられました。

「先生の仰ることは、ごもっともです。現世のことだけを考えるのであれば、たしかに仰る通りでしょう。とても残念なことです。ただ、私は、**この世と死後の世界は両方合わせて、つじつまが合うようにできている**と思うのです。**この世で善きことを積めば、死後の世界でも報われる**のではないでしょうか」――。

「現世」「死後の世界」といった言葉を聞いて、正直な話、私は自分の耳を疑ったものです。

稲盛さんが仏教的世界観を織り込んで、人生をとらえていることは、それまでの著作から、世の中で広く知られていました。また、稲盛さんが、六十五歳のとき、得度《とくど》をして僧籍《そうせき》を得たことも、メディアで大きく取り上げられて話題になったので、京都大学の学者の方たちは誰もがご存じだったはずです。

ただ、だからと言って、勉強会のような場で、「現世」や「死後の世界」といった宗教観を話題にしてもいいのだろうか――と素直に私は疑問に思ったのです。

稲盛さんは私の驚きや疑問などに気づくはずもなく、話を続けました。

「現世で苦労をされて、他に善かれかしと願うような生き方をした人は、私は、**来世では素晴らしい人生を送っていると思う**のです」

稲盛さんの宗教的な言葉に、京都大学の学者の方たちが、どのような反応をされるのか、私はやや不安を覚えました。ただ、結局、私の不安は、杞憂《きゆう》にすぎなかったのです。

と言うもの、心理学者の河合隼雄先生が稲盛さんの言葉に、すぐ賛意を表されたのです。

それまで黙って話を聴いていた河合先生の言葉も、大変含蓄のあるものでした。

幸福になるには「人生を長期的な視点で見ること」

「**たしかに、稲盛会長の仰る通りですね**」――。

心理学者の河合先生が、稲盛さんの宗教的な言葉に賛同してくれました。間髪入れずといったタイミングだったので、ちょっと驚いたことを覚えています。

ただ、それに続いて河合先生が口にされた言葉に、私は心から納得してしまいました。

河合先生は、人を包み込むような柔和な笑顔を浮かべられて、稲盛さんの話に呼応するように、こう続けたのです。

「人生は、死んでからのほうが、長いですから」——。

何気ない一言でしたが、私はこの言葉に深く感銘を受けました。

「人生は、死んでからのほうが、長い」——。

現世より、その後の世界のほうが時間的に長いのであれば、たしかに、この世で多少、自己犠牲を払ってでも、周りの人を助けるような生き方もいいのではないか——。私は宗教心がそれほど強い人間ではありませんが、河合先生の言葉を聞いて素直にそう思えてきました。

そして、次の瞬間、**稲盛さんが言う「現世で他に善かれかしと願うような生き方をした人は、必ず来世では素晴らしい人生を送ることになる」という考え方**が、すんなりと腑に落ちたように感じられました。そして、「人生は肉体の死をもって完結する」と考えることが、私たちの人生を生きづらくしているのかもしれない——そのような考えが、自然と頭に浮かんできたのです。

河合先生は分析心理学（ユング派心理学）を日本に紹介し、それを取り入れて心理療法を実践した学者として知られています。

先生はその実践にあたり、日本の文化や宗教について研究を重ね、日本人に合った心理療法を模索されてきました。その中で、死後の世界について考えることは、人生に深みを持たせるといったことも指摘されており、**人生には死生観が大切である**とのお考えでした。

そのような河合先生の一言が、勉強会の空気を和らげてくれたのは確かです。実際、勉強会に参加されていた、京都大学の学者の方たちも、稲盛さんの考え方をおおむね好意的に受け止められたように感じました。

もちろん、「現世で苦労をして、他に善かれかしと願うような生き方をした人は、来世では素晴らしい人生を送ることになる」という考え方に、少なからず抵抗感を覚える方もいるでしょう。あまりにも宗教的な考え方のように思えて、現実感が乏しく感じられてしまうのかもしれません。以前の私もそのように感じたので、そういう方のお気持ちはよく理解できます。

ただ、今は**多様性の時代**です。

「宗教的」といった理由だけで、含蓄のある考え方、有益な人生観を遠ざけてしまうのは、ある意味、もったいないような気がします。宗教に根ざした考え方、人生観には、現代社会に生きる私たちにとって、プラスになるものが少なくないようにも感じます。

ときには、**人生を「長期的な視点」で見ることが必要**なのではないか――。

その視点が、私たちに、素晴らしい人格を与えてくれることになるのではないか――。

稲盛さんと河合先生が口にされた宗教的な言葉を頭の中で反芻《はんすう》するうちに、私は人生においても、とても大切なことに気づかされたように感じたのも事実です。

2章

稲盛和夫「より良い仕事ができる」4つの言葉

5

「過去」を否定しては、ダメなんだ。

「何を始めるにしても、まずは現状に感謝しなければならないんだ」——。

京セラの会長室で、稲盛さんが含蓄深い言葉をつぶやきました。

それは、京セラのある部門で、本部長の人事異動があったときのことです。新しい本部長が会長室で就任の挨拶をして、退出した後のことでした。

会長室での就任の挨拶で、新任の本部長は、稲盛さんを前にして、相当に張り切っていたのでしょう。挨拶をするだけでなく、自分が**これから管轄する部門の現状の問題点を、次々と指摘しだした**のです。

私は本部長の話を横で聞いていて、その意気込みと問題発見能力を頼もしく思ったのと同時に、「あの部署は、そんなに問題が多かったのか……」とかなり驚かされたものです。

稲盛さんは表情を変えずに、本部長の話を最後まで静かに聞いていました。最後に本部長が、力強く「この部署の問題点を必ず改善してみせます」と明言したのを覚えています。

稲盛さんは、にこやかに「ありがとう。頑張ってくれ」と応えて、本部長を送り出しました。この間、十分足らずの出来事だったと思います。

冒頭のつぶやきは、本部長が会長室を退出した後に、私に向かって言った言葉なのです。

唐突な言葉に驚いている私に向かって、稲盛さんは話を続けました。

「あの部署に問題があって、今、ベストの状態でないことはわかっている。だからこそ本部長の異動もあったわけだ」

「ただ、前の本部長がさぼっていたわけではない。彼なりに一生懸命にやってはいたんだが、うまくいかなかっただけなんだ。その**努力は認める必要がある。まずはそれについて感謝しなければならない**んだ」

たしかに、稲盛さんの言うことはもっともでした。

ただ、「もっとも」だったからこそ、私の心の中でちょっとした疑問が生まれたのです。

「稲盛さんはなぜ、そんな大事なことを、当の本部長にではなく、私に言うのか?」——。

おそらく私は怪訝《けげん》な表情を浮かべて、稲盛さんの顔を見ていたのでしょう。私の顔を見ていた稲盛さんは、私の心の中を見通したように、次のようなことを口にされました。

「これから頑張ろうとしている人間にも、まずは感謝しなければならないんだ。**張り切っている人間は、まず励まさなければならない。**言いたいことがあっても、こちらが抑えて、言ってはダメなこともあるんだ」

おそらく、私の顔から怪訝な表情は消えていたはずです。

稲盛さんは、話を続けました。

「リーダーはどんなときでも、**人の気持ち、心がどう動くか**がよくわかっていないといけない。**厳しさだけでなく、優しさや思いやりも必要なんだ。**そうでなければ、全員のやる気は高められない」

そのときも、**稲盛さんは、新任の本部長の「気持ち、心がどう動くか」を考えられた**はずです。稲盛さんにしてみれば、本部長の挨拶を聞いて、本心では「何を始めるにしても、まずは現状に感謝しなければならないんだ」と一喝したかったのかもしれません。

ただ、本部長の気持ちに思いを馳せれば、会長室で稲盛さんに**自分の熱意をアピールしたいという心**も痛いほど理解できます。そこで一喝してしまえば、本部長のやる気を削ぐことになると考えられたのではないでしょうか。

今、必要なのは「叱責の言葉」ではなく、「激励の言葉」だと判断されたのでしょう。

結果、稲盛さんは、本部長をにこやかに会長室から送り出したのです。

それこそが、稲盛さんの思いやりだったのです。

まずは「過去に感謝する」こと

「過去を否定しては、ダメなんだ。それでは誰もついてこない」――。

私の納得したような顔を確認すると、稲盛さんはそう続けました。

「新しい職場で新任のリーダーは、組織をより良くしようとするあまり、ついつい過去の問題点を列挙してしまうものだ。ただ、それでは前任者の過去を否定してしまうことになる。他人の過去は否定してはならないんだ。そんなことをしていては、新しい職場の人は誰もついてこない」

私の目を見ながら、稲盛さんは話を続けます。

「前任者の過去を見れば、問題点だけがあるわけではないだろう。**一生懸命に努力したという過去もある**だろう。新任はそれについて、まずは感謝する必要があるんだ。そうすれば新しい職場の人も、新しいリーダーについていこうと思うものだ」

当時の私は有難いことに、稲盛さんから**「リーダーのあり方」**のようなことを、事あるごとに言い聞かされていました。おそらくは、秘書室長として京セラの秘書室を預かる立場の人間に、**「リーダーの要諦」を説き教える**のが、自分の義務のように感じられていたのかもしれません。

稲盛さんは、新任の本部長をにこやかに会長室から送り出した後、今度は、同席していた私の「気持ち、心がどう動くか」に思いを馳せたのだと思います。

会長室で、本部長の話をやや驚きながらも、頼もしそうに聞いていた私の様子を思い出されたのでしょう。しかも、稲盛さんは、にこやかに「ありがとう。頑張ってくれ」と言って、本部長を送り出したのですから、私がそこに仕事上の問題点となるようなことを何も感じなくてもおかしくはありません。

そこで、稲盛さんは、私に対して、本部長を「にこやかに送り出した」理由を説明する必要性を感じられたのでしょう。

それが、冒頭の「**何を始めるにしても、まずは現状に感謝しなければならないんだ**」というつぶやきになったのだと思います。そして、新任の本部長をあえて「にこやかに送り出した」のは、**これから頑張ろうとしている人間に必要なのは、「まずは感謝」**ということを私に教えたかったのでしょう。

人の気持ちがどう動くか――リーダーは、つねにそれを考える必要がある。

その日、私は、稲盛さんから身をもって、そのことを教わったように思います。

世の中では、誰もが一生懸命に生きています。

そうであれば、リーダーはまずはそれを認め、感謝の言葉から始めなくてはなりません。

それが、リーダーとして大切な優しさであり、思いやりということなのでしょう。

そして、そのようなリーダーがいる組織こそが、強い――そのことを学んだ瞬間でした。

「プラスの仕事」は必ず「プラスの言葉」から生まれる

稲盛さんは、そもそも「否定的な言葉」をいっさい口にしません。

過去を否定しないばかりでなく、現在も否定しない。

だからこそ、稲盛さんは、肯定的な未来を実現することが可能になったのかもしれません。

稲盛さんは、このことを「**俺の辞書には否定的な言葉はない**」という言葉で表現されていました。

実際、ある新規事業の打合せで、こんなことがありました。

その打合せでは、新規事業のリーダー格の社員が、稲盛さんに現状を報告していました。その新規事業は、規模こそ小さかったものの、超えなければならないハードルがいくつかあったのです。本人に悪気はなかったのでしょうが、打合せで「スケジュール的に非常に厳しい」といった否定的な言葉が、ついつい出てくるようになりました。

そのとき、稲盛さんが口を挟んだのです。

「新規事業というのは、たとえ規模が小さくても、ワクワクして始めるものだ。しかし、肝心のリーダーが、うまくいかないかもしれないと、**否定的な言葉を口にしていては、ワクワクするどころか、暗くなるだけだ。**それではうまくいくものも、うまくいかなくなる」

たしかに、そのときの打合せも、リーダーが否定的な言葉を口にしたからでしょうか、やや沈んだ雰囲気になっていたのは事実です。

「俺はこれまで、誰もができないと言っていたような、**大規模な新規事業を少なからず成**

功させてきた。ただ、一度として否定的な言葉を使ったことはない。そもそも俺の辞書には否定的な言葉はないんだ」

稲盛さんのこの言葉で、会議室が水を打ったように静まり返りました。

「そもそも**簡単に成功する新規事業などあるはずはない**。だから、リーダーが、ちょっとでも否定的な言葉を口にすれば、下にいる人は誰も本気で頑張ろうと思わなくなる。それでは、どんな新規事業でもうまくいくはずはない」

その新規事業のリーダーは、稲盛さんの言葉に圧倒され、しばし息を飲むように沈黙してしまいました。ただ、彼の表情には、明らかに、自分の至らなさを反省するような様子が見てとれました。

稲盛さんは、**そのリーダーの「気持ち、心がどう動くか」が、よくわかった**のでしょう。今度は口調を和らげて、優しくリーダーを励ましました。

「当然、どんな事業でも問題はある。それは、必死に努力して解決したらいい」

稲盛さんが、そう言うと、先ほどまで沈んでいたリーダーの目の色が変わりました。そして、彼の口から肯定的な言葉が出てきたのです。

「厳しいスケジュールかもしれませんが、もう一度、工程を見直します」

肯定的な言葉が出てくると、たしかに新規事業の打合せに特有のワクワクする感じが、会議室にいくらか戻ってきたようにも感じられました。

そして、稲盛さんが明るく締めてくれたのです。

「ありがとう。頑張ってくれ。言葉には、**言霊《ことだま》と言うように大きな力がある。マイナスの言葉はマイナスの結果しか生まない。**だから、**否定的な言葉は使ったらダメ**なんだ」

たしかに、**言葉には大きな力がある**と思います。

だからこそ、稲盛さんは、日々、言葉の力を最大限有効に使っていたのでしょう。

「チャンス」が見える人、見逃す人

「否定的な言葉」を口にしていると、否定的な形で自分に返ってくるものです。

「ここがダメ」「あそこもダメ」と否定的な言葉を口にしていれば、自然と「否定的に物を見る」クセがついてしまうからでしょう。それが習慣化してしまうと、極端な話、チャンスでさえ逆境に見えてくるということもあるのではないでしょうか。

反対に**「肯定的な言葉」を口にしていると、肯定的な形となって、現実に返ってくる**ように思います。私事で恐縮ですが、私にもそのような経験があるのです。

私は三十代のときに、京セラの海外留学制度に応募し選考されて、アメリカのジョージ・ワシントン大学のビジネススクールに留学するという幸運に恵まれました。

ご存じの方も多いかと思いますが、ジョージ・ワシントン大学は、アメリカの初代大統領ワシントンの遺志を継いで設立された名門大学の一つです。当時の私はこれこそ千載一遇の好機とばかりに、MBA取得のために、楽しみながら猛勉強したことを覚えています。

今思い返せば、その留学中、私は「京セラの成長に少しでも役立ちたい」「そのために勉強に打ち込むんだ」といったように、**「肯定的な言葉」しか口にしていなかった**ように思います。だからこそ、異国での猛勉強も苦と感じなかったのでしょう。

それが**結果的に、肯定的な現実を可能にしてくれた**ように思います。

自分でも驚いたのですが、私はMBAを取得するだけでなく、ジョージ・ワシントン大学のビジネススクールを首席で卒業することができたのです。このときの経験、さらにはその経験から得られた知見と人脈は、その後の私のビジネス人生に多大な恩恵を与えてくれています。

たとえば、**アメリカで英語やビジネスの理解が深まると、アメリカ人の人生観、仕事観というのも肌でなんとなくわかってくる**のです。これが私のビジネス人生にさらに大きく役立ったのは言うまでもありません。

ただ、せっかく英語圏に出張、赴任するという大チャンスに恵まれても、生活環境が変わるのは嫌だとか、今さら英語の勉強をするのは面倒くさい、などと否定的にとらえてしまう人もいるようです。それでは英語はもちろんのこと、現地の人の人生観、仕事観といったものも、わからずじまいで終わってしまいます。

そういう人は、せっかくのチャンスを見逃していることすら、気づいていないのではないでしょうか。「否定的に物を見る」クセがついているか、少なくとも「肯定的に物を見る」クセがついていないために、**このような機会損失を生んでいる**ようにも思われます。チャンスが「チャンス」として、見えにくくなっていると言えるかもしれません。

「ネガティブな状況」を打破する必要条件

どんなに否定的な状況にあっても、「否定的な言葉」は口にしない――。

それが**否定的な状況を打破するための、必要条件**であるようにも思います。

稲盛さんを、長い間、間近から見てきた私は素直にそう思います。そこで思い出されるのが、稲盛さんが日本航空（ＪＡＬ）を再建した当時のことです。

今から一〇年ほど前、経営破綻をしたＪＡＬを再建するために、国土交通省大臣、企業再生支援機構の強い要請もあって、稲盛さんは、ＪＡＬの会長に就任しました。当時、私は会長補佐として、稲盛さんと一緒にＪＡＬに籍を置き、稲盛さんの下で日々、再建のために尽力してきました。

その過程で、私は稲盛さんが必死に努力されている姿を、多々見てきたのです。

稲盛さんがＪＡＬの会長に就任されたとき、**ＪＡＬはまさに最悪とも言っていいほどの「否定的な環境」にありました**。そのような環境にあっても、稲盛さんは「否定的な言葉」

をいっさい口にしませんでした――今にして思えば、**ＪＡＬ再建の原動力は、まさにそこにあった**のではないかとさえ思えてくるのです。

二〇一〇年一月、ＪＡＬは、その二年ほど前に起きたリーマンショックによる世界同時不況の影響を受けて、総額二兆三二二一億円という事業会社としては戦後最大の負債を抱えて経営破綻しました。会社更生法適用を申請し、裁判所管轄のもと再建を目指すことになったのですが、誰がＪＡＬのトップに就任するかが、大きな話題となっていました。

先ほども書いたように、国土交通省大臣、企業再生支援機構の強い要請があったこともあり、ＪＡＬのトップ候補として、早くから「稲盛和夫」の名前は挙がっていました。ただ、稲盛さんは「**航空業界について無知であること**」と「**高齢（当時、稲盛さんは七十七歳）であること**」を理由にかたくなに断っていたのです。

ただ、先方も簡単にはあきらめません。

ＪＡＬの窮状を訴えて、稲盛さんに会長就任を強く迫ります。

そのころから、稲盛さんも、ＪＡＬ会長就任を真剣に考えるようになったようです。そして「**ＪＡＬの社員を助けてあげたい**」という善意、「**頼まれた以上、逃げるわけにはい**

かない」という義侠心から、ＪＡＬの会長就任を引き受けることになるのです。

しかも、会長就任を受諾するにあたって、「全力は尽くすものの、ＪＡＬ再建に一〇〇％専念できるわけではないので、無給にしてほしい」という**ビジネスの世界では、おそらく前代未聞の条件で、会長職を引き受けることになった**のです。

私はこのような姿勢にも**「経営者・稲盛和夫」の凄み**のようなものを感じたものです。

ただ、驚いたことに、メディアからは称賛の声はほとんど挙がりませんでした。それどころか、その反応はかなり手厳しいものだったのです。

実際、メディアからは稲盛さんに対して「否定的な言葉」が相次いだのです。

「航空業界の経験のない稲盛和夫」が、ＪＡＬを再建できた理由

「稲盛和夫に、ＪＡＬを再建できるはずもない。二次破綻必至だ」――。

稲盛さんがＪＡＬの会長に就任した当時、メディアの論調は、このように否定的なものばかりでした。

まずは、**JALの問題**があります。

JALは、それまでよく指摘されていたように、昔から官僚組織以上に「官僚体質」の会社であるうえに、組合が複数あるなど、組織としてもとても複雑な構造でした。誰がトップになろうが、経営破綻にまで至らせた、その体質、構造を変えられるはずもないというのが、当時の一般的な論調だったのです。

次に、**稲盛さんの問題**。

当初、稲盛さん本人が、JAL会長就任を固辞した理由がそのまま、皮肉なことにメディアの「否定的な言葉」となったのです。

つまり、「稲盛和夫氏は、航空業界での経験が皆無である。そのような人物に経営破綻したJALを再建できるはずがない」――。さらには、「稲盛和夫氏は、経営者としては高齢である。JALの旧弊な官僚体質、複雑な組織構造を変えられるだけの体力、気力があるかは疑問」――。

このように、当時のメディアは、**稲盛さんに対して、否定的な論調で覆われたかの観**がありました。

さらには、稲盛さんが、「無給」で会長を引き受けたことにも、批判があったのです。

これには私も驚きました。

稲盛さんがJALの会長を「無給」で引き受けたことを、私は稲盛さんの「善意」「義侠心」の表れと受け取ったのですが、意外なことにメディアの受け止め方はまるで違ったのです。「善意」「義侠心」の表れどころか、そこに稲盛さんの「責任感のなさ」の表れと受け止めるメディアが少なくなかったのです。さらには、「パートタイムCEO」などと、何とも失礼な肩書で稲盛さんを揶揄《やゆ》するメディアまで現れました。

それだけではありません。稲盛さんの周囲の人間からも、稲盛さんのJAL会長就任について「否定的な言葉」が相次いだのです。その内容はおおむね次のようなものでした。

「稲盛名誉会長が六十代なら成功するかもしれないが、七十七歳では体力も気力も続かないかもしれない。**稲盛名誉会長の心身の健康が心配だ**」――。

「不可能と言われているJAL再建を引き受けて、万が一、成功できなかった場合、**稲盛名誉会長は晩節を汚《けが》すことになる**のではないか」――。

このような否定的な声がよく聞かれたものでした。

つまり、稲盛さんがJAL会長に就任した当時、稲盛さんの周りは、**稲盛さんに対する「否定的な言葉」で溢れていた**わけです。

稲盛さんにとっては、まさに四面楚歌のような状態。

ただ、稲盛さんは、そのような言葉、環境に何ら動じることがなかったのです。

「素晴らしい人生」を送る極意

「どんなことがあろうとも、**ものごとをいいほうに、善意に解釈していく**ことが大切」――。

これは**稲盛さんの人生哲学**の一つです。

稲盛さんがJAL会長に就任した当時、稲盛さんはまさに、この人生哲学を実践されていたのではないでしょうか。

稲盛さんの周囲が、あれだけ稲盛さんに対する「否定的な言葉」で溢れていたにもかかわらず、稲盛さんはつねに明るく前向きだったのです。**JALの再建を通じて、稲盛さん**

はつねに、ものごとをいいほうに、善意に解釈していたのでしょう。

稲盛さんは、前述したように、そもそも「否定的な言葉」をいっさい口にしません。それと同様に、**自分に向けて言われた「否定的な言葉」も、それが根拠のないものであれば、いっさい耳に入らない**のではないか——。

JAL会長就任時の稲盛さんの落ち着きぶりを思い出すと、私にはそう思えてならないのです。

「航空業界での経験がない稲盛和夫に、JALを再建できるはずもない。二次破綻必至だ」——当時、稲盛さんは、このような「否定的な言葉」を、メディアから毎日のように聞かされていました。毎日、こんなことを聞かされては、誰であれ、つい否定的な気分になるものです。

あの当時の否定的な言葉に溢れた否定的な環境で、稲盛さんが「なんで俺がこんな貧乏くじを引かなければならないのか」と愚痴を口にしても、私を含めて周囲の誰もがとがめることはなかったでしょう。しかし、稲盛さんは、「否定的な言葉」を口にすることはいっさいありませんでした。

それどころか**「ＪＡＬの再建は可能だ」**と言明し、**明るく前向きな姿勢を失うことがなかった**のです。**「ものごとをいいほうに、善意に解釈していく」**という人生哲学を実践されていたのでしょう。しかも、「無給」であるにもかかわらず、ＪＡＬの幹部たちを叱咤激励し、誰よりも一生懸命に働き、ＪＡＬ再建に取り組んだのです。

稲盛さんのその姿勢、人生観は、確実に、ＪＡＬの社員たちに伝播《でんぱ》していきました。最初のうちは、暗く沈んでいたＪＡＬの社員たちも、次第に稲盛さんと同じように、明るく前向きに、ＪＡＬ再建に取り組むようになったのです。

どのような環境にあっても、**「否定的な言葉」は口にしない——**。

前述したように、**奇跡的なスピードで成し遂げられたＪＡＬ再建の原動力は、まさにそこにあった**ように思います。

人は誰でも、明るく前向きに生きたいと願っているものです。しかし、厳しい現実に直面したり、運悪くトラブルに見舞われたりしたときに、現実から目を背け、つい「否定的な言葉」を口にしたくなるものです。

ただ、「否定的な言葉」を使えば、必ず自分に返ってきます。

自分の人生を暗くするだけではありません。それを聞いた周りの人の人生までも暗くしてしまうのです。

だからこそ**稲盛さんは、自分の「辞書」から「否定的な言葉」を消した**のでしょう。

稲盛さんと同じようなことは、すぐにはできないかもしれません。ただ、それでも、日々の生活から少しずつ「否定的な言葉」を減らすことを心がける――。

それこそが、**素晴らしい人生を送るための極意**なのかもしれません。

6

「怖がり屋」だから、周到な準備ができる。

「松井さんが**打撃の練習に一番打ち込んだのは、どんなとき**ですか？」――。

稲盛さんが、野球選手の松井秀喜さんに、そう問いかけました。

これは、JALの機内誌『SKYWARD』で実現した、**松井さんと稲盛さんの対談での一コマ**です。じつは、この夢のような対談は、私が企画したものだったので、前々から楽しみにしていました。

松井さんは、NPBの読売巨人軍や、MLBのニューヨーク・ヤンキースなどで大活躍をした野球選手ですが、読書家としても知られていました。松井さんが、三島由紀夫などの文学作品を好まれているという話は聞いてはいましたが、文学だけでなく、著名な経営者の本なども幅広く読まれていたようです。

松井さんは、稲盛さんの著作も、何冊か読まれていたのでしょう。

ある日、新聞を読んでいたら、松井さんのインタビュー記事が目に留まりました。その中で、**松井さんが稲盛さんの本を読んで、稲盛さんの人生、仕事に対する姿勢に感銘を受けている**――というようなことを知ったのです。

その記事を読んですぐ、そういうことであれば、JALの機内誌で、松井さんと稲盛さんの対談もできるのではないかと思ったことを覚えています。そして、ＪＡＬの広報を通じて、松井さんサイドに連絡を取ったところ、口を経ずしてご快諾いただいたのです。

松井さんと稲盛さんの対談は、東京・天王洲にあるＪＡＬの本社で実現しました。

「松井さんが、打撃の練習に一番打ち込んだのは、どんなときですか？」――。

その対談では、冒頭に紹介した稲盛さんのこの問いかけに対する、松井さんの答えが、私にはとくに印象的でした。

松井さんは、稲盛さんにこう答えたのです。

「打撃が好調なときですね。**好調なときは怖くて、とくに練習に打ち込みました**」

私にしてみれば、ちょっと意外な答えでした。

まずは、「好調なときは怖い」という言葉の意味が、すんなりとは飲み込めなかったのです。むしろ「怖い」のは不調なときであって、**不調なときこそ力を入れて練習するのではないか**――そのようなことがふと頭によぎりました。

すると、松井さんは、私の気持ちを見透かしたように、次のようなことを話したのです。

「打撃が好調のときは、ホームランやヒットが自然に打てるものです。ファンの方も喜んでくれますし、マスコミもほめてくれます。ただ、**好調なときはそう長くは続きません**から、明日からはホームランやヒットが打てなくなるかもしれないと思うと、心配で心配で、怖くなるんです。そのため、好調なときは、練習に一層励むようになります」

私は二つのことに驚かされました。

まず驚かされたのは、松井さんほどの大打者であっても、自分の実力を謙虚に受け止めていることです。あれだけの実力のある方が、**自分の実力を謙虚に受け止めているからこそ、日本でもアメリカでも大活躍するような伝説の打者となれた**のでしょう。

もう一つ、驚かされたのは、松井さんと稲盛さんの、仕事哲学の共通性です。と言うのも、私は松井さんのような考え方を、それまでも稲盛さんから事あるごとに聞かされてきたのです。

アスリートと経営者――松井さんと稲盛さんは、立場がまったく違います。

ただ、立場は違っていても、一流の人には、一流の人に共通する「一流の仕事哲学」のようなものがあるのではないか――その日、私は素直にそう思ったのです。

「一流の哲学」があるからこそ、「一流の仕事」も可能になるのでしょう。

松井秀喜さんと稲盛さんに「共通する考え方」

「打撃が好調なときは怖くて、とくに練習に打ち込みました」――。

松井さんの言葉を聞いて、稲盛さんは大変満足した様子でした。そして、松井さんに最大級の賛辞を送ったのです。

「松井さんは、**そのような思いがあるからこそ、これほどの成績が残せた**のでしょうね。松井さんは、どのような仕事をしても成功しますよ」

稲盛さんは松井さんの言葉に、自分の仕事哲学との共通性を感じたのでしょう。

松井さんと稲盛さんのその日の対談は、私にとっては大変意義深いものでした。

その対談での松井さんの次のような言葉も、稲盛さんの仕事哲学との共通性ということから、今でも印象に残っています。

「僕は、良いときというのは、ほとんどなくて、**逆風が吹いている時間のほうが長い**ように感じるんですね。ですが、一番大事なことは、そこに**踏みとどまりながら、努力して結**

果を出すことで、試行錯誤しながら、その連続です」

一流と二流の違いは、この姿勢の違いにあるに違いない——。

私は、松井さんの話を、そう感動をしながら聞いていました。

プロ野球選手の中には、打撃が好調になると、すぐに自分の実力だと勘違いして、練習をそこそこに切り上げて、遊んでしまう人もいるようです。ただ、そのような選手は、好調を維持できずに、すぐにスランプに陥ったり、体調を崩したりすると言います。

松井さんでさえ、「逆風が吹いている時間のほうが長い」のですから、そのような選手であれば、**逆風はさらに強く、長くなる**のかもしれません。

以前、大相撲でも同じような話を聞いたことがあります。相撲界では、優勝したときはハメを外すくらいでないと、後援者やファンが増えないと言われているようです。

ある関取はその話を真に受けて、はじめて優勝した後、後援会の人たちに誘われるまま、毎晩のように豪遊したと言います。そのせいか、稽古がおろそかになって翌場所は負け越し、さらにケガをしてそのまま引退を余儀なくされたそうです。

私たちも、松井さんのように**「好調なときこそ、怖がる」ほうがいい**のかもしれません。

「千変万化する世の中」で、確実に前へ進む法

「俺は怖がりだから、事前にしっかり準備をしている」——。

稲盛さんが私にそう言ったことがありました。先ほどご紹介した松井秀喜さんとの対談より、はるかに前のことです。

つまり、稲盛さんは、ずいぶん早くから「怖がり」だったことを自認していたわけです。

最初、稲盛さんからその言葉を聞いたとき、**私は一瞬、耳を疑いました。**

それもそうでしょう。

私が知る稲盛さんとは、およそ「怖がり」とは無縁の存在だったからです。

「怖がり」とは真逆の「明るさ」「強気」というのが、私の稲盛さんの最初のイメージでした。

ですから、そのときは、稲盛さんが何か冗談を言ったのではないかと、本気で思ったものです。

ただ、稲盛さんの顔を見ると、とても冗談を話している感じでもありません。

それどころか、本当に自分のことを「怖がり」と信じ込んで、私を諭すようにこう続けたのです。

「怖がりだから、俺は周到な準備ができるんだ。お前も**もっと慎重に、怖がって仕事をしてくれ**。お前の仕事を見ていると、怖くて見ていられないんだ……」

突然、そう言われても、私は事態をすぐに飲み込むことができませんでした。と言うのも、私はどんな仕事をするに際しても、自分なりにしっかりと周到な準備をして臨んできたつもりだったからです。

たとえば新しいプロジェクトを始める場合、私はまずはもっとも理想的な全体像を描き、もっとも効率的なスケジュールを設定し、もっとも合理的な方法で準備を進めるようにしていました。しかし、稲盛さんからしてみれば、私のその仕事の進め方こそが、拙速で、強引であって、怖くて見ていられないというのです。

「お前はよく考えたつもりかもしれないが、**本当に最悪の事態を想定したのか？**」――。

「最悪の事態を想定し、**怖くなったことはないか？**」――。

「もっと怖がって、**もっと慎重に仕事を進めなさい**」――。

たしかに、稲盛さんにここまで言われると、自分のそれまでの仕事の進め方に自信がなくなってきたのも事実です。と言うのも、実際、プロジェクトを始めるにあたって、恐怖感を覚えるほどまで「最悪の事態を想定した」ことは一度もなかったからです。

「楽観的に構想し、悲観的に計画し、楽観的に行動する」――。

1章でもご紹介しましたが、これは**稲盛さんの有名な経営哲学**です。

もちろん、それまでにも私はこの稲盛哲学を何度も聞いていましたが、そのとき、言葉だけを知っていたにすぎないことに気づかされました。自分としては、プロジェクトを始める際、「悲観的に計画」していたつもりだったのですが、その程度が甘かったのです。

「怖く思えるくらいに、悲観的に計画」する必要があったのです。

私たちは、**仕事をするうえで、「怖がりでなければならない」**ということなのでしょう。

ただ、それも考えてみれば、当たり前の話かもしれません。

この世の中は、予定通りに進まないことのほうが多いものです。景気の変動は必ずあり、想定外のイノベーションもあります。自然災害が毎年のように起こるだけでなく、新型コロナウィルスのような感染病も発生します。

それだけではありません。

人の心は、必ず変わります。

諸行無常、千変万化するのが、この世の常であるわけです。

「怖がり」でなければ、成功することはおろか、前に進むこともできない――。

私はそのとき、「俺は怖がりだから」という稲盛さんの言葉に、心から納得しました。

「怖がりな人」だから、前に進める

私たちは、仕事をするうえで、**「怖がりでなければならない」**――。

その言葉を聞いて、私には思い当たる節がありました。

稲盛さんの仕事ぶりを見ていれば、そのことがよくわかるのです。

稲盛さんは、講演を頼まれることが非常に多い方です。稲盛さんをよく知らない人にしてみれば、「稲盛さんは講演することに慣れているから、講演前にあまり準備することもないのでは？」と考える人もいるでしょう。

それが、まるで違うのです。

まさに**「怖がりだから、事前にしっかり準備をしている」**のです。

驚く方も多いかと思いますが、稲盛さんは講演の数カ月前から準備を始めます。そして、講演原稿を自分で執筆します。自分が言うべきこと、相手に伝えるべきことを、一行一行丁寧に自分の言葉で書いていきます。そして、講演当日は、朝早く起きて、講演原稿の最終チェックをするのです。

まさに「怖がりだから、事前にしっかり準備をしている」――。

忙しいことを言い訳にせず、どんなことにも手を抜かない姿勢は、講演の準備でも一貫していました。

ただ、ここで誤解しないでいただきたいのは、**「怖がり」と「臆病」を混同してはいけない**ということです。この二つの言葉は一見すると似ていますが、まったく意味の違う言葉なのです。

「怖がり」とは、最悪の事態を想定して、それを回避し目的を成し遂げるために、慎重に準備を進める**「積極的な姿勢」**のことです。それに対し、「臆病」とは、最悪の事態を恐れるばかりで、何も手立てを講じようとしない**「消極的な姿勢」**を指します。

つまり、**「怖がり」だからこそ、前に進める**のです。

暗闇が怖いからと言って、「臆病」風を吹かせて、立ち尽くしていては、何も始まりません。

暗闇が「怖い」からこそ、みっともなくても、四つん這いになってでも、着実に1ミリでも1センチでも前に進むようにして策を講じる。そうすれば暗闇の中であっても、落とし穴に落ちることなく、目的地に到達することができると思うのです。

比喩的な表現をしましたが、それが**稲盛さんの仕事人生の一面**であったように思います。

リーダーに必要な「闘魂」とは？

「リーダーには、格闘家のような闘魂がいる」――。

稲盛さんが、そう私に諭してくれたことがあります。

「格闘家」「闘魂」といった物々しい言葉に、驚かれた読者もいるかもしれません。

前述したように、私は稲盛さんから「リーダーのあり方」のようなことを、事あるごとに言い聞かされていました。このときも、私は稲盛さんから、「リーダーの要諦」のようなものを諭されていたのです。

それは——私たちは、仕事をするうえで、「怖がりでなければならない」——という文脈の中での話でした。そこで稲盛さんは、「ただ、リーダーは怖くても、**怖いそぶりを見せたらダメなんだ**」とつけ加えられたのです。その怖いそぶりを見せないためにも、リーダーには「格闘家のような闘魂」が必要だと言うのです。

「優れた格闘家は、誰もが闘魂を持っている。ただ、実際に聞いた話だが、試合に備えて厳しい練習を積んできたボクサーでさえ、**リングに上がる前は、震えが来るぐらい怖くなる**らしい」

私は、少し驚きました。

と言うのも、怖いもの知らずの猛者たちが、闘魂をむき出しにして相手を倒そうと戦うのがボクシングという格闘技だと思っていたからです。ただ、稲盛さんの話を聞いていると、優れた格闘家でも「怖がる」ことがあるばかりか、**「怖がる」のは優れた格闘家の必要条件**のようにさえ思われてきました。

稲盛さんは、さらに話を続けます。

「しかし、優れた格闘家は怖くなっても、ひとたび試合が始まれば、そのような様子は微塵も見せない。たとえ強いパンチを浴びても、何ごともなかったように格闘を続ける」

「なぜなら、少しでも怖がっている様子を見せたり、パンチを浴びてひるむ姿を見せたりすれば、相手はそれにつけ込んで、畳みかけてくる。そして結局は負けてしまうからだ」

そして、最後に、稲盛さんは要諦を繰り返して、話を締めました。

「仕事も同様だ。リーダーは**怖くても、怖いそぶりを見せたらダメ**なんだ」――。

厳しい環境にあればあるだけ、負けてたまるかという闘魂は必要です。

しかし、これまで話してきたように、**強気一辺倒ではうまくいくはずもありません**。最悪の事態を想定し、怖がり、万全の準備をする必要があるのです。ただ、万全の準備はしていても、人間ですから、いざ本番となったら怖くなるのが当然です。

ただ、リーダーであれば、それを顔に出してはならない。

組織全体の士気に影響を与えてしまうからです。

その度量こそが、リーダーに必要な「格闘家のような闘魂」なのでしょう。

「不安を顔に出さない」というスキル

「リーダーは怖くても、それを顔に出してはならない」――。

稲盛さんが、このことを身をもって、示してくれたことがあります。

JAL再建のときです。

当時、稲盛さんも、「リーダーは怖くても、それを顔に出してはならない」という言葉を、一度ならず、自分にも言い聞かせたことがあったのではないでしょうか。今にして当時を振り返ると、そう思えてくることがあります。と言うのも、前述したように、**当時の稲盛さんはまさに四面楚歌のような状態**だったからです。

当然、稲盛さんにも、不安感はあったはずです。

ただ、前にも書いたように、稲盛さんは「否定的な言葉」を口にすることはいっさいありませんでした。今思い返せば、それだけではありません。

稲盛さんは、**不安感を一度たりとも、顔に出すことがなかった**のです。

当時、私が稲盛さんの不安感に思いが至らなかったのも、ただ単に、稲盛さんが「怖くても、怖いそぶり」を見せなかったからでしょう。まさに、そこにこそ、稲盛さんの「格闘家のような闘魂」を見る思いがします。

稲盛さんは、つねに自信に満ち満ちた態度で、「**JALの再建は必ず成功する**」と話していました。**リーダーとしての「明るさ」かつ「強気」なその姿勢**が、私のみならず、JALの社員に大きな安心感を与えたのは、まず間違いありません。

ただ、稲盛さんの下でJALの再建に取り組んでいた私は、じつのところ、不安で不安で仕方がなかったのです。

私が自分の役割を果たせなかったら、稲盛さんだけでなく、JALの社員、さらには京セラにまで多大な迷惑をかけることになるのではないか。そう思うと、怖くなり、身がすくむ思いがしました。実際、眠れない日が続くことも珍しくなかったのです。

ただ、JALの社員の前では、怖くても、それをいっさい顔には出しませんでした。

会長補佐として、JAL再建のために、稲盛さんの教えに従ったわけです。

しかし、これはまさに「言うは易く行なうは難し」で、「怖いそぶり」を見せないためには、

私なりの「闘魂」のようなものが必要だったことを覚えています。ＪＡＬの再建は苦労の連続でしたが、稲盛さんというリーダーが不安を顔に出さなかったからこそ、ＪＡＬの社員が最後までついてきてくれたのでしょう。

リーダーは「怖くても、怖いそぶりを見せてはならない」――。

これは人の上に立つ人すべてに、有益な言葉だと思います。

7

悪いことを思うと、人生そのものが悪くなる。

つねに「善き結果」を生む法

「悪いことを思うと、悪いことが起こるんだ」――。

あるとき、稲盛さんが子どものころを思い出しながら、そう話されたことがありました。

私は、稲盛さんと同じ鹿児島出身です。

しかも、私が生まれ育ったのは、まったくの偶然なのですが、**稲盛さんが生まれ育ったのと同じ、鹿児島市の薬師町**という町なのです。狭い町ですから、**稲盛さんと私は通っていた小学校も同じ**で、西田小学校という学校です。

今にして思えば、不思議な縁としか言いようがありません。

私が京セラに入社したときは、稲盛さんが鹿児島出身ということは知っていましたが、まさか生まれ育った町、通った小学校まで同じだったとは想像だにしませんでした。入社してしばらくして、私はこのことを親戚の人から教えてもらって、大変驚いたことを覚えています。

稲盛さんと私は、二十二歳の年齢差があります。

戦前生まれと戦後生まれですから、生まれ育った時代環境はまるで違います。ただ、稲盛さんの人生、仕事に対する考え方に、私が素直に共感することが多かったのは、同じ文化風土で生まれ育ち、同じ教育環境で学んだということも少なからず影響していたのかもしれません。

稲盛さんの秘書になってから、私が同じ薬師町で生まれ育ち、これもまた同じ西田小学校で学んだことを、稲盛さんに話したことがあります。稲盛さんもそれを聞いたときは、とても驚いていました。おそらくは、同郷のよしみということもあったのでしょう。それ以降、稲盛さんは、私に幼少期の話をすることが時々ありました。

冒頭の言葉は、そうした昔話をしていたときに、稲盛さんが言った言葉です。

それは太平洋戦争末期、稲盛さんが十二歳のときの話でした。

そのころ、稲盛さんの自宅のある薬師町界隈で、**結核が流行っていた**そうです。当時の結核は、ほかの病気と比べて致死率が非常に高く、「**死病**」とさえ言われていて大変恐れられていました。

ところが、不幸なことに、同居していた叔父さんが結核に感染してしまったのです。

稲盛さんの言葉によれば、「私は結核が空気感染することを知っていたので、叔父さんに近づけば自分も感染してしまうだろうと思い、**叔父さんを避けるようにしてい**

た」そうでした。ただ、稲盛さんのお父さんやお兄さんは、感染する危険を承知のうえで、結核に苦しむ叔父さんを懸命に看病していたようです。

ここで意外なことが起こったのです。

叔父さんの看病をしていたお父さんやお兄さんは、結核には感染しなかったにもかかわらず、**稲盛さんだけがなぜか、感染してしまった**のです。

稲盛さんは、このときはじめて「死」を意識したと言います。

当時の稲盛さんは、まだ十二歳の少年ですから、「**なぜ自分だけが結核にかかったのか**」「自分はこのまま死んでしまうのか」と、子ども心に真剣に悩んだに違いありません。運命を呪うと同時に、生き延びたいと強く思ったはずです。

そのとき、稲盛さんは、隣に住んでいる人から一冊の本を渡されます。

その人は、結核を患った十二歳の少年が不憫《ふびん》に思えたのでしょう。本を渡すときに「いいことが書いてあるから、読んでみるといい」と言われたそうです。その本は『生命の実相』という本でした。

そして、この本に書かれてあった**一つの言葉が、稲盛さんの人生の転機となった**のです。

仕事・人生がうまくいく「考え方」をする

「人生では、心に思ったことが現象として現れる」——。

この言葉との出会いが、十二歳の稲盛さんに転機をもたらしたのです。

そもそも『生命の実相』は、精神的、哲学的な内容の本です。

十二歳の子どもが読んで簡単に理解できるような、平易なことが書かれているものではありません。それでも当時の稲盛さんは、子ども心に悩んでいたので、むさぼるようにして読んだそうです。

そして、冒頭の言葉と出会ったのです。

「人生では、心に思ったことが現象として現れる」——この言葉を見た瞬間、稲盛さんは、まさに今の自分を言い当てていると思い、慄然《りつぜん》としたそうです。この言葉との出会いが、人生に悩む十二歳の少年の心を変え、蘇らせたのです。

悪いことを思ったから、悪いことが起こるのだ——。

では、素晴らしい人生を送るためには、どうすればいいのか。父や兄のように、善き思いを持たなくてはならないのではないか——。

「善きことを思い、善きことを行なえば、善きことが起こる」——。

この言葉は、**稲盛さんの有名な人生哲学**です。

稲盛さんから「人生では、心に思ったことが現象として現れる」という言葉を聞いて、私はこの人生哲学を思い出しました。十二歳のときに結核を患い、その苦悩の中で、ある一つの言葉と出会う——この体験を通じて、稲盛さんは、この人生哲学の原形を心に宿したのかもしれません。

稲盛さんの話を聞きながら、私はそんなことを思ったことを覚えています。

人生は、「何を心に思い描くか」で決まる

「何を心に思い描くかで、人生は決まるんだ」——。

稲盛さんは、そう話を続けました。

「あのときの俺は、叔父さんに世話になっていたにもかかわらず、顔を見せるどころか、自分だけを大切にして、叔父さんを避けていた。一方、父や兄は自分のことは考えずに、叔父さんが一日も早く良くなるようにと看病していた」

「そして結局、俺だけが結核になった。それは、自分のことしか考えないという、利己的な悪い思いを持ったからに違いない」

「悪い思いを持てば、悪いことが起こるんだ」——。

そう言って、稲盛さんは話を締めました。

私は稲盛さんの話を聞きながら、**稲盛さんの人生観の原点に触れた思い**がしたのです。

「善きことを思い、善きことを行なえば、善きことが起こる」——。

稲盛さんが磨き上げたこの人生哲学は、ある意味、厳しい教えかもしれません。私自身、なかなかそこまでの境地に至ることができていないようにも感じます。

どんな不遇に陥ろうとも、悪い思いを持ってはならない。利己的な思いではなく、善き思いを持てるように努力しなければならない。それが、**「より良い仕事ができる」ためだけでなく、「より良い人生を送る」ための基盤になる**——私のような心が弱い人間には厳しい教えではありますが、これが真理であることは間違いないでしょう。

ただ、この成功哲学は、逆もまた真なのです。「悪い思いを持てば、悪いことが起こるんだ」という稲盛さんの言葉から考えれば、次のようにも言えるのです。

「悪いことを思い、悪いことを行なえば、悪い結果が生まれる」――。

そう考えれば、私たちが**ついつい油断をして、失敗の落とし穴に陥らないための道しるべ**にもなるのではないでしょうか。

実際、私は稲盛さんに多くのことを教えていただいたおかげで、悪しき思いにとらわれることなく、これまで無事にやってこられたのだと思います。

8

芸妓さんに気を配れば、芸妓さんは喜ぶ。だからお客様も喜ぶ。

「なんでお前は、芸妓さんにお酌ができないんだ」――。

接待の席で、私の隣に座っていた稲盛さんが、厳しい目で私にそうつぶやきました。

その一言で、私は一瞬にして、酔いから醒めてしまいました。

私が稲盛さんの秘書となって数年経ったある日の出来事です。その日は、**大切なお客様のために、老舗料亭で接待**をすることになっていました。幸運にも私は、そのような重要な場に陪席をする機会に恵まれたのです。

京セラに限らず、京都の企業は、大事なお取引先、お客様を接待する際、京都の歴史ある文化を愉しんでもらおうと、京都でも古い町並みが残っている東山や祇園にある料亭やお茶屋を利用することが珍しくありません。

風情のある京町家の個室で、趣ある京のおもてなしを受けながら、京都産の新鮮な食材を使った由緒ある京料理を、お客様に堪能していただく――というわけです。**歴史ある京文化を、それこそ五感で愉しむことができる**ので、海外からのお客様や、東京や大阪のお客様はもちろんのこと、京生まれ、京育ちのお客様にも、大変喜ばれます。

また、ときには、接待の席に、芸妓《げいこ》さんを呼んで、三味線、長唄に合わせて、京都の伝統芸能・京舞《きょうまい》を披露していただくこともあります。

ちなみに、芸妓さんというのは、誤解をしている人が多いようですが、ただ単にお客をもてなすのが仕事ではなく、**京都の伝統文化の継承者**でもあるのです。ですから、経験を積んだ芸妓さんであれば、六十代、七十代という方も少なくありません。

京舞は能楽や文楽の影響を受けた、**高尚で優美な舞**です。

その舞を、日々、稽古に研鑽を積んできた芸妓さんが目の前で披露してくれるわけですから、芸事に明るくない私でも感銘を受けるほど見事に感じられました。実際、芸妓さんに京舞を披露してもらうと、接待の場がより華やいだものになるだけでなく、心地よい満足感、感動に満たされるものです。

その日は、数名の芸妓さんを呼んで、大切なお客様のために、接待をしていました。稲盛さんは、お客様に少しでも楽しんでもらおうと、明るくにこやかにしながら、細やかな気配りをされていました。お客様は私より年配の方ばかりでしたので、私は緊張しながらも、お客様の席に行き、お酌をするなどして自分なりに気を遣って、場を盛り上げているつもりでした。

少し間が空いたとき、私は自分の席に戻り、料理に手をつけようとすると、見計らったように一人の芸妓さんが私のところに来て、お酌をしてくれたのです。私は気の利く芸妓さんだなと思って、喜んでお酒を飲んでいました。

そのときです。

隣の席から、稲盛さんのつぶやきが聞こえてきたのです。

「なんでお前は、芸妓さんにお酌ができないんだ」——。

京舞の感動も、お酒の酔いも、この一言で一気に醒めてしまいました。

「一流の気遣い」ができる人

接待の席で、稲盛さんに怒られたのは、じつはこれがはじめてではありませんでした。

以前も、大事なお客様との宴席で、同様の叱責を受けたことがあったのです。

ただ、このときの稲盛さんの叱責は、私にとっては少し意外でした。

と言うのも、その日の私は、先ほども書いたように、自分なりに気を遣って、如才なくおもてなしをしているつもりだったからです。

実際、お客様には十分に楽しんでいただいているように見えました。だからこそ、芸妓さんも私にお酌をしてくれたのでしょう。私が「芸妓さんにお酌」する理由など、まったくわかりませんでした。

今にして思えば、**そこが当時の私の仕事人としての未熟さ**でもあったのです。稲盛さんは、私のその未熟さ、至らなさを注意してくれたのでしょう。実際、私は稲盛さんに怒られたからこそ、自分の至らなさを痛感できたのです。その日、私は、**人と一緒に仕事をする際の要諦のようなものを教えられた**と思います。

幸い、その日の宴席は、とても盛り上がって、無事お開きとなりました。

芸妓さんの京舞も、料亭の京料理も、京都産のお酒も素晴らしく、楽しい会話も相まって、お客様も大変満足されている様子でした。にこやかにお別れの挨拶をされながら車に乗って、料亭を後にしたお客様の姿を見て、稲盛さんが安堵の表情を浮かべていたのが印象的でした。

「なんでお前は、芸妓さんにお酌ができないんだ」――これまでも、稲盛さんから、同じようなことで何度も怒られてきたので、宴席の後、私は「原点」に立ち戻って考えてみることにしました。家に帰ってから、その日の自分について反省してみたのです。

そもそも、接待の席に、高い費用をかけて、なぜ芸妓さんを呼ぶのか——。

答えは簡単です。

ひとえに**大事なお客様に、心から喜んでもらって、満足してもらうため**です。

料理や会話を楽しんでもらうだけでなく、京都の伝統文化の継承者でもある芸妓さんを呼んで、伝統芸能・京舞を堪能していただく。芸妓さんの舞は、先ほども書いたように、見事なものです。実際、芸妓さんに京舞を披露してもらうと、お客様は心地よい感動に満たされます。

だからこそ、高い費用をかけて、芸妓さんを呼ぶわけです。

そのとき、**稲盛さんが、芸妓さんに頭を下げてお酌をしている姿**が思い出されました。

そこでようやく、私は自分の至らなさ、気遣いのなさに気づかされたのです。

芸妓さんは、お客様にとってだけでなく、私たちにとっても大事な存在なのです。

だからこそ、私は「芸妓さんにお酌」する必要があったのです。

「感謝の言葉を口にする」のは、大事な仕事

「**ありがとう**」――。

しかも、**稲盛さんは、芸妓さんに感謝の言葉をかけながら、お酌をしていた**のです。

宴席で稲盛さんのそのような姿を見ても、それまでの私はとくに気に留めませんでした。

と言うのも、当時、「経営者・稲盛和夫」と言えば、京都では誰一人知らない人がいないと言ってもいいくらいの有名人だったからです。

当然、芸妓さんたちも、稲盛さんが京都経済界の重鎮であることは知っています。

稲盛さんが芸妓さんにお酌をしたのは、場の雰囲気が固くならないようにといった有名人なりの配慮なのだろう――当時、私はそんなふうに思っていたのです。

「**ありがとう**」「**ありがとう**」「**ありがとう**」――。

さらに、稲盛さんが宴席で芸妓さんたち一人ひとりに、感謝の言葉をかけながらお酌をしていたことを思い出しました。

私は思わず息をのみました。**ようやく大切なことに気づいた**のです。

接待の席では、**芸妓さんたちはいわば〝チーム京セラ〟の重要な一員**です。

彼女たちはその立場をわきまえ、一生懸命に大事なお客様をもてなしてくれます。そうであれば、チームメイトの一員である芸妓さんに心から感謝して、お酌をするくらいのことは当たり前だったのです。私は芸妓さんたちに感謝をし、ねぎらう気持ちがなかったからこそ、その**当たり前の気遣いができなかった**のです。

私には、稲盛さんのような感謝の気持ちが欠落していました。

私の心の奥底には、「高い費用を使っているのだから、お酌をしてもらって当然だ」という傲慢な気持ちがあったのです。だから、稲盛さんのように、感謝の言葉を口にしながら、感謝の気持ちをもって芸妓さんにお酌をしようという思いが生まれなかったのでしょう。

私にお酌をしてくれた芸妓さんは、大事なお客様をもてなしてくれたうえに、素晴らしい舞も披露してくれていたのです。ひょっとしたら、ちょっと疲れたので、〝チーム京セラ〟の一員である私の席に来たのかもしれません。

そのときにお酌でもしてあげたら、ねぎらいの一言でもかけたなら、さらには、稲盛さんのように感謝の言葉を口にして、感謝の気持ちを伝えれば、また元気になってお客様の席に戻ることができたかもしれない――。

私はそれに気づきもせずに、芸妓さんにお酌をさせていたのです。

それでは、芸妓さんたちは一息つく間もありません。もちろん、一流の芸妓さんたちのことですから、そんなことをおくびにも出さずに宴席を盛り上げてくれました。

「なんでお前は、芸妓さんにお酌ができないんだ」――。

稲盛さんのこの一言によって、私はようやく大切なことに気づかされたのです。

「お客様を魅了する仕事」に共通するもの

「ありがとう」という言葉は、稲盛さんの口ぐせのようなものでした。

今、思い返してみれば、日々の仕事を通じて、稲盛さんから一番多く聞いた言葉が「ありがとう」だったように思います。

実際、秘書の女性がお茶を持ってきてくれたり、社員がエレベーターの開閉ボタンを押してくれたりといった些細なことにも、稲盛さんは必ず相手の顔を見ながら、笑顔で「ありがとう」と感謝の気持ちを伝えていました。

相手の労苦が多くなれば、稲盛さんの感謝の気持ちもそれだけ強くなります。たとえば、社員が大きなプロジェクトを成功のうちに終了したことを報告したようなときは、その社員に対して、**手を合わせて合掌し、「ありがとう」とねぎらいの言葉をかけるのは日常茶飯のこと**でした。

感謝の気持ちを忘れず、その思いを「ありがとう」と口に出して相手に伝える。些細なことかもしれませんが、相手を思いやる気持ちは、人に多大なエネルギーを与えてくれるものです。「この人とまた一緒に仕事をしたい」という前向きな思いさえ生み出してくれます。相手に**感謝の気持ちを伝えるだけで、「正のスパイラル」が起こる**のは珍しいことではありません。

だからこそ、稲盛さんは、公私ともに、すべてが自然とうまく回っていたのでしょう。

「なんでお前は、芸妓さんにお酌ができないんだ」という言葉は、**「なんでお前は、芸妓さんに感謝の気持ちを伝えることもできないんだ」**ということだったのです。

この**感謝の姿勢は、ふだんの仕事でも同様**のことが言えます。

お客様に素晴らしい商品やサービスを提供しようとするのであれば、お客様にだけでなく、一生懸命に仕事をしているチーム仲間にも気を配るべきなのです。チーム仲間が気持ちよく仕事をしてくれるからこそ、**お客様が気持ちよくなるような商品なりサービスが提供できる**――とも言えるのではないでしょうか。

稲盛さんに注意されたときの私のように、感謝することの重要性に気づいていない人は少なからずいるようにも思います。さらには、チーム仲間の仕事に対して、重箱の隅をつつくようなことをして、すぐ不平不満を口にする人もいるでしょう。

でも、そのような姿勢では、人がついてきてくれるはずもありません。もちろん、仕事人として、成果を出すどころか、人間として成長することも、お客様を魅了することもできないのではないでしょうか。

稲盛さんの言葉の真意が理解できたとき、私は稲盛さんに心から感謝をしたのです。

3章

稲盛和夫「正しく判断できる」2つの言葉

9

「人間として何が正しいか」で判断すれば、間違いはない。

「判断力が高まる」考え方

「どのような心構えで、**人生を生きていくべきか**」――。

「どのような心構えで、**仕事を進めていくべきか**」――。

これらの言葉は、私たちが生きて、働いていくうえでの大命題と言えるでしょう。

稲盛さんは、京セラを創業される前、松風《しょうふう》工業というガイシメーカーに技術開発者として勤めていたころから、このような大命題に対して、自分なりの要諦を思いつくたびに、紙に書き留めていたと言います。

そして、京セラを創業されてから、人生、仕事、経営について新たに気づかれたことをそこに書き加え、**「京セラフィロソフィ」**という形にまとめられました。

「フィロソフィ」という英語を直訳すれば「哲学」といった意味になります。

ただ、ここで言う「フィロソフィ」とは、稲盛さんが**「実践を通して得た人生哲学・経営哲学」**という意味合いがあるようです。この「京セラフィロソフィ」は、後年、稲盛さんが塾長を務められていた経営塾「盛和塾」の事務局から塾生向けに刊行されています。

そして、「京セラフィロソフィ」を京セラの社員向けにコンパクトにまとめたのが、『京セラフィロソフィ手帳』という冊子です。『京セラフィロソフィ手帳』は、京セラの全社員に配布されるので、**社員は自然と稲盛さんの人生観、仕事観、経営観に日ごろから親しむ**ことができます。

『京セラフィロソフィ手帳』は、内容的に堅苦しくなく、読みやすいのが特徴です。

私に限らず社員の誰もが熱心に読んでいるようでした。実際、会社の飲み会などでも、『京セラフィロソフィ手帳』に載っている話が話題になることも珍しくなかったのです。

つまり、『京セラフィロソフィ手帳』を通して、京セラの社員は、稲盛さんが「実践を通して得た人生哲学・経営哲学」を、ごく自然と血肉化することができたのです。また、それだけでなく『京セラフィロソフィ手帳』を通して、**全社員が、人生観、仕事観、経営観において、価値観を共有**することができたように思います。

そう考えると、京セラという会社の成長発展にとって、**「京セラフィロソフィ」がその原動力の一つであったことは、まず間違いない**でしょう。

私は大学卒業後、新卒として京セラに入社したので、京セラのそのような企業風土がごく当たり前のことのように思っていました。つまり、日本の企業はどこであれ、社員が共通の価値観を共有しているのだろうと漠然と思っていたのです。

ただ、その後、大企業であるにもかかわらず、社員が人生観、仕事観、経営観をほとんど共有していない会社があることを知りました。それで経営がうまくいっていれば問題はないかもしれませんが、共通の価値観がないわけですから、そううまくいくわけもありません。実際、その会社の現場では、一体感も活気も感じられませんでした。

それが今から十年ほど前、**経営破綻したときのＪＡＬの姿**だったのです。

「フィロソフィ」――人材を最高に活かす考え方

「約束を守ることは人間として正しいことですが、皆さんはそれができていましたか？」

これは稲盛さんの言葉ではなく、私がＪＡＬの幹部たちに対して言った言葉です。

私がこのような強い言葉を、幹部に対して口にしなければならないほど、再建当初のＪＡＬの現場は混迷を極めていたのです。

前述したように、二〇一〇年、ＪＡＬが倒産し、稲盛さんに再建が託された際、私は会長補佐として、ＪＡＬに籍を置くことになりました。そして、おもにＪＡＬの意識改革を担当することになったのです。

ただ、そうは言っても、稲盛さん同様に、私も航空業界はまったくの素人です。意識改革を進めるには、まずはＪＡＬの実情を知ることが必要でした。そこで、できるだけ現場を訪問し、ヒアリングをしてみたのです。

その結果、ＪＡＬの内情がだんだんとわかってきました。

当時の**ＪＡＬ社内に充満していた相互不信は、並大抵のものではなかった**のです。幹部は社員の熱意を疑い、社員は幹部の経営能力を疑い、どの部署も他部署の誠意を疑うといった具合でした。

そこにはお互いを助け合うような一体感、活気などは、望むべくもなかったのです。つまり、倒産の危機に瀕していたときでさえ、ＪＡＬの社内は、一致団結して経営改善に努めるどころか、足を引っ張り合っていたというのが実情だったのです。

ただ、ヒアリングの結果、**ＪＡＬには優秀で真面目な人材が多い**こともわかってきました。ですから、当初、私にはこの実情が不思議でならなかったのです。優秀な人材がこれだけ集まって、一生懸命に仕事をしているのに、組織としての一体感がまったくと言っていいほど感じられない――それこそがＪＡＬ倒産の遠因ではないか。私は次第にそのように考えるようになりました。

そして、当時のＪＡＬに**決定的に欠けていたのが、「フィロソフィ」だった**のです。

ＪＡＬを再建するには、グループ全体が一致団結することが必要不可欠です。

そのためには、全社員が共有すべき価値観――「フィロソフィ」――を明確にすべきではないか。まずは**「ＪＡＬフィロソフィ」**を作成し、それを全社員で共有できるように教育の仕組みを作ることが先決だ――当時の私はそう考えました。

早速、その考えをまとめて、これをＪＡＬの意識改革の基本的な考え方として、稲盛さんに報告したのです。稲盛さんはすぐに了解してくれましたので、「ＪＡＬフィロソフィ」をできるだけ早く策定しなくてはならないという、私の覚悟は決まりました。

ただ、ここからが難儀だったのです。

と言うのも、当時のＪＡＬはプライドの高い幹部が多く、**航空業界の素人である稲盛さんに対する反発もまだまだ強かった**からです。

実際、「ＪＡＬフィロソフィ」の策定作業も、最初はなかなか前に進みませんでした。

「稲盛会長、それは当たり前の話ではありませんか？」という反論

「人間として何が正しいかで判断する」——。

この言葉も、**稲盛さんの有名な人生哲学**です。

稲盛さんは事あるごとに、よくこの言葉を口にされていました。

ＪＡＬでも着任して一カ月ほどたったころ、幹部たちを集めた会議の冒頭で、稲盛さんがこの言葉を口にされたことがあります。そのときの言葉は次のようなものだったと記憶しています。

「人間として何が正しいかで判断すればいい。そうすれば間違いはないはずだ」——。

私はこの言葉の「フィロソフィ」を理解していましたので、当然うなずきながら聞いていました。

ただ、ここで思いがけないことが起こったのです。

あろうことか、この言葉に対して、**稲盛さんに反論するＪＡＬの幹部**がいたのです。

「**稲盛会長、それは当たり前の話ではありませんか？**　私たちＪＡＬにしても、つねづね正しいことをしているという認識で判断してきたのですから」

私は正直、耳を疑いました。

これが、会社を経営破綻させた幹部の言うことなのか、と心底驚いたものです。

ただ、今にして思えば、それも無理もない話だったのかもしれません。その幹部にしても、その時点では、稲盛さんの「フィロソフィ」をまだまだ理解していなかったので、稲盛さんの言葉をあまり深く考えもせずに受け取ったのでしょう。

ただ、驚いたことに、その幹部は、稲盛さんに対する反論をさらに続けたのです。

「稲盛会長は、**私たちＪＡＬが、正しくないことをしているという認識で判断してきた**と疑っていらっしゃるのですか？」

稲盛さんに対する、この**皮肉とも嫌味ともつかない発言**に、再度、私は耳を疑いました。

新任の会長への発言としては失礼ではないかと、正直、不快に感じたのです。

しかも、不快に感じたのは、それだけではありませんでした。航空業界の素人である稲盛さんに対する反発がまだ強かったからでしょうか、この発言に対して、ＪＡＬの幹部たちの中には、うなずく人も少なくなかったのです。

稲盛さんは黙って、何かを考えられている様子でした。

ただ、新任の会長補佐として、**私は黙っているわけにはいきませんでした**。

気がついたときには、そのＪＡＬの幹部に対して、前項目の冒頭の言葉を口にしていたのです。

「約束を守ることは人間として正しいことですが、皆さんはそれができていましたか？」

ＪＡＬの幹部たちは一様に、狐につままれたような顔をして私のことを見ていました。

私はさらに続けました。

「ＪＡＬの皆さんは、経営計画という約束を守れなかったのではありませんか？　人間として正しいこと、**約束を守るということができなかった。だからこそ、ＪＡＬは倒産したのではないのですか？**」

ＪＡＬの幹部たちは皆、黙ってうつむいてしまいました。

どうにも気まずい沈黙が会議室を支配していましたが、今にして思えば、それも致し方ないことだったと思います。

誰から見ても正しい「最後の答え」を見つける

「誰が正しいかで、判断してはならないんだ」――。

前項の会議での気まずい沈黙の後、稲盛さんが静かにそう話し始めたのです。

JALの幹部たちも、先ほどまでの反抗的な態度は影をひそめ、傾聴していました。

稲盛さんは、静かに話を続けます。

「自分が正しいと思ったからと言って、正しいと判断してはならない。誰が正しいかではなく、**誰から見ても正しいというものがある**のではないか。それが人間として正しいことなのではないか」

「たとえば、二人の人間が議論しているとする。自分は自分が正しいと思っていると主張する。相手は相手で自分が正しいと思っていると主張する。**これでは本当の正しい結果が出るわけがない**」

「自分が正しいとか、相手が正しいとかではなく、何が正しいのかを考えなくてはならないんだ。普遍的に正しいもの、**誰から見ても正しいものを考えなくてはならない。それはきっとある**はずだ」

ここまで話すと、稲盛さんは一瞬、沈黙をされました。

そして、先ほど稲盛さんに反論したＪＡＬの幹部に対して、次のようなことを話されたのです。その口調は諭すような優しいものでした。

ＪＡＬの幹部たちが、つねに正しいことをしているという認識で判断してきたことは事実だと思う。ただ、その「正しいことをしているという認識」が、普遍的なものであったのか、誰から見ても正しいものであったのか、つまり、人間として正しいものであったのか、それはわからない――。

その幹部は真剣な眼差しで、稲盛さんの話を聞いていました。

稲盛さんは、今度はＪＡＬの幹部たち全員に向けて、さらに次のように続けたのです。

「ただ、やはり、**人間として正しいことができていなかったから、ＪＡＬは倒産した**のではないか。ＪＡＬは政府や金融機関と大事な約束をしたにもかかわらず、その約束さえ守れなかったではないか」

「つまり、人間として普遍的に正しい、約束を守るということさえできなかった。それが倒産の原因ではないのか。**ＪＡＬの幹部が誰もが、そのことを真摯に受け止めて反省することが、再生のスタート**となるはずだ」

会議室は水を打ったように静かになりました。

稲盛さんの「フィロソフィ」が、ＪＡＬの幹部たちに浸透し始めた瞬間とも言えます。

組織に「一体感」と「活気」を呼び込むには？

「これからのＪＡＬは、**誰から見ても正しい判断をすべきだ**」――。

水を打ったように静まり返った会議室に、稲盛さんの声だけが響いていました。

「誰から見ても正しいかどうか、つねに自問自答しながらものごとを判断していかなければならない。端的に言えば、**私心をさしはさまずに考えられるか、どうか**。自分というものを無にして考えられるか、どうか、だ」

「もっと極端に言えば、**自分を犠牲にしてまで考えられるか、どうか**。そこまで真剣に考えて正しいと思われたものこそ、誰から見ても正しいもの、つまり、人間として正しい判断と言えるのではないだろうか」

稲盛さんはそう言って、話を終えました。

当然のことですが、ここで稲盛さんに異を唱える幹部など一人もいませんでした。

今でも私はそのときを鮮明に覚えています。と言うのも、私がJALに籍を置くようになって、それが**JAL社内で組織の一体感を肌で感じた、最初の瞬間**であったからです。

いよいよJALの再建が始まったのです。

意識改革が始まったJALにおいて、再建のスピードは想定外に速いものでした。

一度納得すると仕事が早いのは、JALの幹部、社員の長所と言えるでしょう。

それから約十カ月後の二〇一〇年末には、稲盛さんの経営哲学を参考にした、四十項目からなる**「JALフィロソフィ」**を完成させることができたのです。「京セラフィロソフィ」でさえ、まとめるのに三年ほどの時間がかかったのですから、これは驚異のスピードと言えます。

そして、早速、この「JALフィロソフィ」を、職種、肩書、雇用形態に関係なく、J

ＡＬ全社員で共有するべく、「フィロソフィ」教育が始まりました。当時のＪＡＬ社内に決定的に欠けていた「フィロソフィ」が、いよいよ根づき始めたのです。

実際、全社員が共通の価値観を共有することで、これまでＪＡＬの現場では感じられなかった互いを助け合うような一体感が醸し出されてきました。それと同時に、それまで社内に充満していた相互不信も、次第に解消されたように感じられたものです。

また、それまで強固に思われた幹部と社員、さらには部門間の壁もなくなり、組織としての活気も感じられるようになりました。

実際、「フィロソフィ」教育を始めてしばらくすると、社内全体から次のような声が聞こえるようになったのです。

「ＪＡＬフィロソフィのおかげで、自分たちが目指すべき**未来のＪＡＬの姿がはっきりわかった**」――。

「ＪＡＬフィロソフィを通じて、職種や肩書の違う人たちと**率直に議論ができたうえに、価値観を共有できている**」――。

ＪＡＬは明らかに変わってきていました。

ＪＡＬグループ全体が一致団結し、ＪＡＬ再建が大きく進み始めていたのです。

「ＪＡＬフィロソフィ」に興味がある方は、ＪＡＬのホームページをご覧いただければと思います。「企業理念・会社案内」をクリックして進んでいただければ、「ＪＡＬフィロソフィ」のすべての項目を見ることができます。

「**人間として何が正しいかで判断する**」――。

ＪＡＬ再建のきっかけともなったこの言葉は、今、「ＪＡＬフィロソフィ」の第1部第2章の冒頭を飾る言葉になっています。

「一呼吸置く」という正しい判断法

「子どものころ、**親や先生から教えてもらった普遍的な道徳律**を基準にすればいい」――。

稲盛さんは、「人間として正しいこと」について、よくそう話していました。

昔、教わった「普遍的な道徳律」とは、今、思い返せば、当たり前のことばかりです。

たとえば、**「嘘をついてはならない」「つねに正直でいる」「困っている人がいたら助ける」「一生懸命に努力する」「人のために役立とうとする」**といったような、ごくごく当たり前のことです。

たしかに、その意味では、誰から見ても正しいことばかりと言ってもいいでしょう。

稲盛さんは、この**当たり前のことが、「人間として正しいこと」**であると指摘しているわけです。そして、この「当たり前のこと」を基準に判断すればいいと言っているのです。

こう書くと、読者の方にしてみれば、何の変哲もない、それこそ当たり前のことのように思われるかもしれません。

ただ、人間というものは弱いものです。

いざ、**実人生になると、その「当たり前のこと」が当たり前でなくなってくる**のです。

実際、仕事の現場ではいろいろなバイアスがかかってきます。

「人間として何が正しいか」で判断しようとしても、さまざまなバイアスがかかってくるので「当たり前のこと」が当たり前と思われなくなってしまうのです。

私にしても「人間として何が正しいか」で判断しようとして、次のような迷いが生じたことが少なくありません。

「この判断は、**前例があっただろうか？**」

「この判断を、**上司は評価するだろうか？**」

「この判断は、**かなりの困難を伴うのではないか？**」

「この判断で、**十分な利益が生まれるのだろうか？**」

実人生にはさまざまな壁があります。

「人間として何が正しいか」で判断しようとしても、迷うことが多いものです。

ですから、何か**大事な判断をするときは、一呼吸置いてみる**——。

じつは、これも稲盛さんから教えてもらい、私が実践している方法です。

何か大事なことを判断する際は、まずは自分の人間としての弱さを認め、一呼吸置いて、それが「人間として正しいことなのか」を考えてみる。このようにして判断すると、**意外に迷いは消えていく**ものです。

実際、この方法は有効で、ＪＡＬ再建の現場でも大変役に立ちました。

ただ、ＪＡＬ再建当初は、仕事の現場で、「人間として何が正しいか」で判断しようとしても、迷う社員が少なくありませんでした。「ＪＡＬフィロソフィ」を現場に浸透させるべく、私もずいぶんと試行錯誤を重ねたものです。

次の項目で、実際にあったエピソードを例に紹介しましょう。

「価値観を共有する」とすべて、好転する

「人間として何が正しいかで判断する、とは**具体的にどういうことなのでしょうか？**」

あるキャビンアテンダント（客室乗務員）の方から、こう聞かれたことがあります。

これはＪＡＬ再建当初のことでした。

ＪＡＬの現場で「ＪＡＬフィロソフィ」がちょうど浸透しつつあるときで、破綻から再建へ向けての過渡期だったころの話です。現場の社員の方の中には、ＪＡＬの変化に戸惑っている人も少なからずいました。

とくに、お客様サービスを担当するキャビンアテンダントの方たちは、戸惑いが大きかったようです。と言うのも、ＪＡＬのお客様サービスは「慇懃無礼《いんぎんぶれい》」との批判を受けるほ

ど、マニュアル至上主義の一面があったからです。

それまで、キャビンアテンダントの方たちは、JALの詳細なマニュアルに従って、毎日の仕事を進めていました。つまり、日々、JALのマニュアルに従って、仕事の判断をしていたわけです。ですから、そもそも**「自分で判断する」という発想そのものに慣れていなかった**のでしょう。

ましてや「JALフィロソフィ」の「人間として何が正しいかで判断する」という一見、難しそうな言葉を見て、キャビンアテンダントの方たちが大きな違和感を覚えたことは想像に難くありません。だからこそ、冒頭のような質問をしてくる彼女のようなキャビンアテンダントもいたわけです。

「JALフィロソフィ」は、これまでのJALの文化とは、まったく違う文化です。

私はできるだけわかりやすく教えようと思い、次のように話しました。

「たとえば、機内に気分が悪そうなお客様がいるとします。そうすれば『ご気分が悪いのですか?』『毛布をお持ちしましょうか?』と声をかけ、できるだけ世話をしてあげますよね。つまり困っている人がいたら助ける。それが人間として正しい判断をするということとなのです」

私としてはわかりやすく説明したつもりです。

ただ、そのキャビンアテンダントの返答に、私は思わず耳を疑いました。

「サービスの原則は、お客様全員を平等に扱うことであり、特定の人を優遇するようなことはできません」

この言葉に、当時の私は大変驚きました。ただ、それと同時に、ＪＡＬのお客様サービスが「慇懃無礼」と批判される理由もなんとなくわかってきました。

私はそのキャビンアテンダントと価値観を共有するために、さらに話を続けたのです。

「どちらが人間として正しいか？」という選択基準

「病院の診察室の前で、多くの患者さんが列を作って待っていたとしましょう」

私は、話をわかりやすくするために、前項の彼女にたとえ話で説明しました。

当時の私は、そのキャビンアテンダントに限らず、**ＪＡＬの社員と価値観を共有するこ**

とに、とにかく必死だったのです。

「そこに、一人のお母さんが、ぐったりとしている子どもを抱きかかえて、飛びこんできました。一人の看護師は、『病院の原則は、患者様全員を平等に扱うことであり、特定の人を優遇するようなことはできません』と言います」

「ただ、もう一人の看護師は、子どもの容態がかなり悪いことに気づき、『手遅れにならないうちに、すぐに先生に診てもらいましょう』と、患者さんの順番を抜かして診察室に連れていきます」

「さて、待っている患者さんは、どちらの看護師がよい看護師と思うでしょうか？　後者の看護師ではないでしょうか？　それはただマニュアルに従うのではなく、困っている人がいたら助ける、という人間として正しい判断をしているからでしょう。皆さんも、同じように、**人間として正しいと思ったことを素直にやればいい**のです」

そのキャビンアテンダントは、私の説明を聞いて「わかりました」と答えてくれましたが、完全には納得していないようでした。フィロソフィ教育がまだ始まったころということもあり、JALのマニュアル至上主義がまだ彼女に染みついていたのかもしれません。

ただ、**人は変わる**ものです。

それから一年後——。

私はフィロソフィ教育の勉強会で、たまたま彼女と顔を合わせることがありました。彼女は私の顔を見るなり、笑顔でいきなりこう言ったのです。

「今、私の一番好きなフィロソフィは、『人間として何が正しいかで判断する』です」

そのとき、私は社員同士が**人間として正しい価値観を共有することの素晴らしさ**を、改めて感じたのです。

10

人から嫌われたくない人は、結局、うまくいかない。

人間関係に「悩まない」心得

「大田、お前、**部下をかばうのが、上司の役割だと勘違い**していないか？」——。

ある報告会で、稲盛さんから急にこう言われて、私は戸惑ってしまったことがあります。

まさに、**稲盛さんの言う通り、図星だった**からです。

そのときまで、私は、どんなときであれ、部下をかばうのが、理想の上司であり、好かれる上司であるという思い込みがありました。部下がミスをすれば、その責任はつまるところ管理責任者の上司にあるわけですから、部下のミスは上司のミスに他ならないと考えていたのです。

稲盛さんは、その報告会での私のたった一つの発言で、私のその考えを見抜いたのです。

そして、そのとき、**稲盛さんは、私が上司としての役割を勘違いしていると指摘し、的確に指導する必要を感じた**のでしょう。それが冒頭の言葉だったのです。

その報告会は、京セラ主催の五十名程度の中規模な懇親会の進捗状況を、稲盛さんに報告する目的で開かれました。その懇親会は、日ごろからお世話になっているとくに大切な方たちを招待し、親睦を深めようという主旨で企画されたものでした。

私が懇親会の準備、進行の全体を統括し、私の管轄部署である秘書室や関連する他部署の社員たちにそれぞれ役割を決めて担当してもらい、本番当日まで万全の体制で臨んだつもりでした。具体的には、「招待者リストの作成」「招待状の作成・発送」「懇親会の進行表作成」「懇親会会場のレイアウト作成・席次の決定」などなど、それぞれの役割ごとに担当を決め、それを私が統括するという形を取ったのです。

ところが、意に反して、ある部下の準備の進捗具合が芳しくありませんでした。

彼にしてみれば、ふだんの仕事とは勝手が違っていたようで、戸惑いもあったのでしょう。私も再三再四、彼に注意を促し、いくつか改善策を提案したものの、なかなかうまくいきませんでした。

そうこうするうちに、報告会の日になってしまったのです。

私は正直に、全体としては順調に進行してはいるものの、一部、若干の遅れが生じている旨を報告しました。

ただ、懇親会の当日まで、まだ時間的に余裕もあったので、私もそんなには焦ってはいなかったのです。**この段階での若干の遅れは、稲盛さんも、あまり問題視されないのではないかという考え**もありました。

しかし、私の報告の後で、稲盛さんが想定外の問いを発せられたのです。

「具体的に、**どのような遅れ**が生じているのか？　**誰が担当**しているのか？」

「誰？」——。

この言葉を聞いた瞬間、私はちょっと青ざめたことを覚えています。

部下がよく育つ上司、育たない上司の差

「**誰が担当しているのか？**」——。

稲盛さんのこの問いに、正直に答える気持ちは、当時の私には毛頭ありませんでした。

先ほどもご説明したように、当時の私は「どんなときであれ、**部下をかばうのが、理想の上司であり、好かれる上司**である」と確信していたからです。部下のミスはあくまでも、上司のミスなのです。

その部下にしても、当然のことながら、悪気があって遅れていたわけではありません。

彼はふだんの業務では「遅れる」ということが考えられないくらい、優秀で努力家の社員

だったのです。今回は、懇親会の準備という慣れない仕事ということもあって、彼なりに一生懸命努力したものの、思うように進捗できなかったまでの話です。

また、その部下の担当・役割だけが遅れているからといって、一概に、彼ばかりを責めるわけにもいきません。

当然、**上司としての私の責任**もあります。部下に慣れない仕事を任せるに際して、私としては十分に指示、指導をしていたつもりだったのですが、果たして本当に十分な指示、指導と言えたのか、どうか――。私の努力がまだ足りなかったのかもしれません。

「誰が担当しているのか？」――。

稲盛さんが、そう聞いてきたとき、私の脳裏にはそのような思いが巡っていました。

当然のことながら、部下の名前を、稲盛さんに告げることなど思いもよりません。

そんなことをすれば、**本人も大変なショックを受けることは目に見えています**。

それに、後日、本人が稲盛さんと直接、顔を合わせる機会があるかもしれません。そのとき、稲盛さんが彼の名前を覚えていようものなら、直接、叱責の言葉を口にする可能性がないとも言えません。

もし、そんなことになれば、私の部下があまりにもかわいそうです。

私はとっさに稲盛さんに次のように答えていました。

「すべて私の責任です。私の指示、指導が悪かったから進捗が遅れたのだと思います」

そのときです。

稲盛さんの表情が急に険しくなり、冒頭で紹介した低い叱責の言葉が響いたのです。

「大田、お前、部下をかばうのが、上司の役割だと勘違いしていないか？」――。

その言葉に戸惑っている私の顔を見つめながら、さらに稲盛さんは言葉を続けました。

「お前が**部下をかばうから、部下が育たない**んだ」

「嫌われたくない」という利己心が、人をダメにする

部下をかばうから、部下が育たない――。

この言葉は、当時の私にとって衝撃的でした。

それもそのはずです。前述したように、当時の私は「どんなときであれ、部下をかばう

のが、理想の上司であり、好かれる上司である」と思い込んでいたからです。つまり、私は「部下を守り、育てる」つもりで、部下をかばってきたとも言えます。それを稲盛さんから全否定されたのですから、衝撃を受けるのも無理からぬことでした。

「すべて私の責任です」——。

稲盛さんは、私の耳当たりのいい一言で、私のつたない「上司論」を見抜いてしまったのでしょう。おそらくは、**今の段階で私の考え方を否定、修正しておかなければ、自分の部下である「私」が育つこともない**と判断されたのかもしれません。

稲盛さんは、厳しい表情を崩さず、言葉を続けました。

「自分の部下が、何か誤解のようなもので窮地に立たされているのなら、上司としては、かばってあげるのが当然だ。しかし、自分の部下がミスをしたのなら、上司としては、厳しく注意しなくてはならない。**なぜ部下を厳しく注意しないんだ？**」

さらに、稲盛さんは続けて、私にとって耳の痛い言葉を口にされました。

「お前は**人から嫌われたくないから、部下を厳しく注意することもできないんだ**」

稲盛さんのこの言葉も、図星だったように思います。

たとえば、私が「すべて私の責任です」という言葉を口にする——。そのとき私の中に、稲盛さんから、「大田、お前も、なかなかいい上司になったな」とほめてもらえるかもしれない——という利己心がなかったとは言い切れません。

また、私が「私の指示、指導が悪かったから、進捗が遅れたのだと思います」という言葉を口にする——。そのとき私の中に、ミスをした当の部下からは、「大田さんは部下をかばってくれる、いい上司だ」と思ってもらえるかもしれない——という利己心もあったかもしれません。

稲盛さんの言葉で、私は**自分の利己心を目の前に突き出された**思いがしたものです。

そして、稲盛さんは次のように話を締めました。

「人から嫌われたくない人間では、部下を育てることも、強い組織を作ることもできない」

稲盛さんのこの言葉を聞いて、私は今さらながらに、自分のこれまでの「上司論」の至らなさ、未熟さに気づかされました。私は頭《こうべ》を垂れて、深く反省しながら、稲盛さんの言葉を聞いていました。

ただ、その日を境に、私の「上司としての姿勢」が変わったことも確かなのです。

仕事で「日々の人間関係を大事にする」コツ

「何ごとも日々の人間関係が、大事なんだ」——。

頭を垂れて反省している私に、稲盛さんは穏やかに言葉をかけてくれました。

先ほど、「人から嫌われたくない人間では、部下を育てることも、強い組織を作ることもできない」と言ったときの厳しい口調とは、打って変わって優しい口調でした。おそらくは、深く反省している私の姿を見て、**今こそ「自分の部下を育てるとき」**だと判断されたのかもしれません。

稲盛さんは話を続けます。

「上司が厳しく注意したとき、**素直に聞いてくれる部下と、素直に聞いてくれない部下がいる**はずだ。素直に聞いてくれない部下というのは、本人が悪いわけではない。やはり、上司が、日ごろから人間関係を大事にできていないんだ」

「上司が、日々の人間関係を大事にするためには、どうすればいいか。上司が**信頼関係を作るには、日々、話し込みをするしかない**んだ」

「たとえば、部下に新しい仕事を指示するとき、部署を代表して新たな可能性に挑戦してもらうわけだから、**感謝の気持ちを持って話しているか、どうか**——。また、部下を叱責するとき、部下に成長してほしいという、**思いやりを持って話しているか、どうか**——。結局、そういうことが大事なんだ」

ここまで稲盛さんの話を聞いていて、私はやや不安になってきました。

もちろん、私にしても、日々、部下との話し込みの中で、信頼関係を作るように話していたつもりではありました。ただ、稲盛さんが言うほどまでに、それを徹底できていたか自信がなかったのです。

稲盛さんは最後に次のように言って、話を締めました。

「上司が部下との信頼関係を作るように話し込みができているのであれば、問題はない。上司が厳しく注意したとしても、部下は素直に聞いてくれるはずだ」

「素直に聞いて、さらには上司の意をくんで、成長するいい機会だとさえと思ってくれるかもしれない。ただ、**日ごろから人間関係ができていなければ、部下はなかなかついてこない**」

前述したように、その日を境に、私の「上司としての姿勢」は変わりました。

稲盛さんへの報告の後、私は懇親会の進捗具合が芳しくない部下に声をかけて、打合せをすることにしました。その打合せで、私は、彼の仕事の問題点を厳しく指摘、注意をし、その問題点を改善する案をいくつか提示しました。そして、彼自身に早急に打開策を考えてもらうよう強く求めたのです。

もちろん、稲盛さんから教えてもらったように、私なりに**「君に成長してほしい」という思い**を強く込めて、彼と話し込んだつもりでした。彼はこれまでにない私の厳しい口調に、最初、かなり戸惑っていたようでした。彼の不安そうな表情を見ながら、私は彼とのこれまでの信頼関係も、これで壊れてしまうかもしれないと心配したものです。

しかし、結局、それは私の杞憂に終わりました。

徐々にではありましたが、その部下の担当の進捗状況に改善が見られてきたのです。稲盛さんの言葉を借りて言えば、私とその部下は「それまでに信頼関係を作るように話し込みができていた」のかもしれません。

そう考えた瞬間、私は「どんなときであれ、部下をかばうのが、理想の上司」という、一面的な「上司論」と決別できたのだと思います。おこがましい言い方をすれば、私自身が**「部下を育てられない上司」から「部下を育てられる上司」に成長した瞬間**とも言えるのかもしれません。

しばらくして、彼の担当も、他の担当部門と足並みを揃えるようになりました。そして、結果的に、懇親会自体も予定通り無事に開催され、好評のうちに終了したのです。

彼は、その後、大きく成長し、現在はリーダーとして多くの部下を指導しています。

「小さな善」はなぜ、「大きな悪」に通じるのか

「**小善は大悪に似たり**」——。

これは稲盛さんが生前、よく口にされていた言葉です。

わかりやすく解釈すると、「**小さな善は大きな悪に似ている**」といったような意味になります。この言葉には下の句があり、次のように続きます。

「**大善は非情に似たり**」――。

この言葉もわかりやすく解釈すれば、「**大きな善は、情愛を感じさせない非情に似ている**」といったような意味になります。下の句は、上の句とちょうど対になっており、どちらも人生の真実を言い表しているように思います。

「小善は大悪に似たり。大善は非情に似たり」――。

稲盛さんは、この言葉を仏教の教えの中から学んだと言っていました。上司と部下の関係について話をされる際、稲盛さんが折に触れてこの言葉を口にされていたことを覚えています。

人間関係の基本は、真の愛情をもって接することにある――。

上司と部下に限らず、**この考え方が稲盛さんの人間関係論の基本**にあります。

ただ、「愛情」とは言っても、甘やかしや溺愛のような「小善」であってはならないというのが、稲盛さんの考え方です。上司と部下との関係でも、何かと部下に気を遣い、迎合している上司は、一見、愛情があるように見えます。

ただ、これは「小善」にすぎないのです。

「小善」は結局、**信念も気概もない「表面的な愛情」**にすぎません。

そのような上司の下では、部下は反省することも、持てる力を出すこともないでしょうから、大きく成長することもないわけです。「小善」は、結果的に部下をダメにしてしまいます。つまり、部下を甘やかすという「小善」をなしたことが、結局、当人にとっては「大悪」をなしたことになってしまうわけです。

だからこそ、「小善」は「大悪」なのです。

それに対して「部下に大きく成長してほしい」と願う上司は、部下に迎合することなどありません。そのような上司は、一見、非情に見えるものです。

ただ、これこそが「大善」につながるのです。

「大善」ある上司は、信念と気概をもって、部下と対峙するに違いありません。

部下がミスを犯せば、周りからは非情とも思えるような厳しい指導を行なうこともあるでしょう。しかし、その厳しい指導、叱責こそが、部下を反省させ、持てる力を出すことを促し、やがて部下を大きく育てることになります。つまり、部下を厳しく指導するという、一見、「非情」に映ることが、結局、当人にとっては「大善」とも言うべき結果につながることになるわけです。

だからこそ、**「大善」は「非情」なのです。**

「どうあることが相手にとって本当に善いことなのかを、厳しく見極めること」——。

人間関係における「真の愛情」について、私は稲盛さんからつねづねそう教わってきました。今にして思えば、それこそが、**本当の思いやり**であり、「相手に対する愛情＝利他の思い」ということなのかもしれません。

稲盛さんから叱責をされたことで、私は人間関係の基本を教わったように思います。

つねに「具体的に話せ」

「**抽象的な話をするから、お前は問題を解決できない**んだ」——。

ある報告会で私の説明が終わったとき、稲盛さんがそうつぶやきました。

「お前は問題を解決できない」——。

稲盛さんから、いきなりそう言われて、私はかなり戸惑ったことを覚えています。しかも、そのときの報告会は私の管轄部署が議題になっているのではなく、まったく別の部署の問題のことだったので、その**戸惑いもかなり大きかった**のです。

これは京セラのある製造部門の業績についての報告会であった話です。

その部門は、直近数カ月、売上が下がり続けており、それに伴って利益率も落ち続けていました。私は稲盛さんから、第三者の視点から、その部署の業績が悪くなっている原因を調べてほしいと言われたのです。

私は、実際、その部門について調べてみる前から、業績が悪くなっているおおよその原因について、ある程度、見当がついていていました。と言うのも、その部門が扱っている分野は、当時、景気停滞の影響を受けており、京セラの落ち込みは想定外に大きかったものの、その分野は他社を含めて全般的に業績が低迷していたからです。

現に、その部門に出向いて、部門長はじめ、何人かの社員と話をしてみると、私の予想通りの反応が返ってきました。誰もが一様に、「景気停滞の影響を受けて、この分野全般が沈滞ムードに陥っています。業績が低迷するのは、残念ですが、致し方のないことなのかもしれません」といったような考えだったのです。

これには私も当然、納得しました。**景気の変動によって、マーケットが左右されるのは当然**だからです。そして、その部門の業績についての報告会で、私は「この部署に限らず、最近の景気停滞が影響し、この分野全般に沈滞ムードが漂っている」といったようなことを報告したのです。

そのとき、私の耳に飛び込んできたのが、稲盛さんの冒頭の言葉だったのです。

「**抽象的な話をするから、お前は問題を解決できない**んだ」――。

ただ、その部門は、私が管轄する部署でもありません。

他部署の業績低迷のことで、なぜ私がそのような厳しい注意を受けなければならないのか、最初はまったく理解できませんでした。ただ、私に注がれた稲盛さんの鋭い目線から、おそらくはその部門の業績低迷の原因の究明が本当の問題ではないことは感じられました。

考えてもみれば、「最近の景気停滞が影響し、この分野全般に沈滞ムードが漂っている」くらいのことであれば、当然、稲盛さんもわかっていたはずだからです。そして、稲盛さんの次の言葉で、私が注意されている意味がなんとなくわかってきたのです。

「原因があるから、結果があるんだ」――。

稲盛さんのその言葉は、業績が悪くなっている部門に対してではなく、私の仕事に取り組む姿勢、この場合は**原因を究明する姿勢についての叱責**だったからです。

稲盛さんは、言葉を続けました。

「原因を見つけ、追求する勇気がなければ、強い組織は作れない」――。

あくまでも目的は、組織を強くすることにあります。

稲盛さんは、私の姿勢が「小善」であって、「大善」でないことを指摘されたのです。

組織の問題――その原因は、必ず「個人」にある

「どんな組織であれ、人間の集団だ」――。

稲盛さんは話を続けました。

「その集団に問題が発生したのなら、その原因は人間、つまり個人にしかない。**その原**

因を作った個人がいるはずだ」

「その個人を見つけ出さないで、沈滞ムードがあった、皆が悪かったでは、組織の問題は解決しない。**個人を追求するくらいの勇気**がなければ、強い組織は作れないんだ」

稲盛さんのあまりに強い言葉に、私はただ圧倒されるだけでした。

と同時に、このとき、自分の至らなさに気づかされたのです。

と言うのも、それまでの私は、社内で何か問題が起きても、その原因を深く追求することはせず、**誰も傷つかないような穏便な対策**を取ることがあったからです。それが社内の人間関係を円滑にし、問題を円満に解決させ、結果的に仕事をスムーズに進める方法だと勘違いしていたところがありました。

しかし、**その程度の対策では、組織の問題の解決など、およそできない**のです。

稲盛さんの言葉を借りれば、私の対策は、ただの「抽象」論ということなのでしょう。抽象論ですから、具体的な解決策など、見えてくるはずもありません。

私のやり方は、たしかに、その場を丸く収めることはできます。しかし、個人を含めた原因を厳しく追求することもないわけですから、いつまで経っても責任の所在は不明確で曖昧なままです。これでは問題の抜本的な解決につながるはずもありません。

この対策の欠点は、それだけではありません。その部門の誰もが問題を起こしても責任を問われることはないと思ってしまいます。それでは、当然のこと、組織全体の緊張感も失われてきます。そのような組織が、強くなるはずもありません。

稲盛さんは、**ついつい「小善」に走る私の本質的な短所**がわかっていたので、厳しく注意されたのでしょう。今にして思えば、そのことを私に気づかせるためにも、業績が悪くなっているその製造部門について、あえて調べさせたのかもしれません。

「原因となった個人を見つけ出そうというくらいの**勇気がなければ、強い組織は作れない**」――。

稲盛さんは、この言葉を口にすることで、おそらくは私に「大善」を行なうだけの勇気を持ってほしかったのでしょう。

しかし、ここで、忘れてならない重要なことがあります。

ここで言う**「追求」は、「追及」ではない**ということです。

「追求」とは、問題の原因を追い求めること。「追及」とは、責任を追い責めること。

目的はあくまでも、**問題の原因を追い求めること**であって、その原因がわかったからといって、その個人の責任を追い責めることではないのです。

そもそも**「大善」を行なう真の目的は、あくまでも、組織を強くすること**なのです。そのためには、「個人を追求する」くらいの勇気がなければ、組織に発生した問題の原因は究明できない——ということなのです。

結果として、特定の個人が見出されても、単に厳しく追い責めるのではなく、前述したように「成長してほしい」という思いやりを持って話し、育てる——。

人間関係の基本は、真の愛情をもって接することにある——。

稲盛さんがつねづね指摘されていたように、これこそが人間関係の要諦であり、それがなければ、皆が生き生きと働ける真に強い組織は作れないと思うのです。

4章

稲盛和夫「高い目標を成し遂げる」3つの言葉

11

昨日よりは今日。今日よりは明日。明日よりは明後日。

「日々、進歩する」法

「この工場の生産ラインは素晴らしい。ただ、来年はまったく違うものにしてくれ」——。

この謎めいた言葉は、稲盛さんが、中国の広東省にある工場を視察したときのものです。

この工場は、京セラの子会社の工場で、かねてから高い収益を上げており、高く評価されていました。さらなる収益増を見込んで、新しい生産ラインが計画され、このたび晴れて完成することとなり、稲盛さんは視察のため、現地に赴くことになったのです。

「いい勉強になるから、お前も一緒に行こう」と、有難いことに私も稲盛さんにお誘いいただき、視察に同行させていただくことになりました。

実際、この視察で、私は大変いい勉強をさせていただいたのです。

私たちが中国広東省の深圳《シエンチエン》近郊にある工場に着くと、早速、現地の幹部たちから新しい生産ラインの説明を受けました。この生産ラインは、これまでのベルトコンベヤーを使った流れ作業の「ライン生産方式」ではなく、多品種少量生産の時代に適合した「セル生産方式」を取り入れた画期的なものだったのです。

現地の幹部たちにしてみれば、稲盛さんに、新しい時代の新しい生産ラインを見ていただくわけですから、まさに晴れの舞台と言ってもいいでしょう。実際、幹部たちは明らかに心が高揚しているようで、**言葉が震えるほど緊張**をしていました。張り詰めるような緊張感が漂う中、製造現場の視察が始まりました。

従来とはまったく違う発想で設計されただけあって、ベルトコンベヤーを使った「ライン生産方式」の工場を見慣れていた私にも、その生産ラインが画期的なものであることがよくわかりました。稲盛さんは大きくうなずきながら、幹部たちの説明を聞き、数時間かけての視察は無事終了しました。

幹部たちは稲盛さんが新しい生産ラインをどう評価するのか、気が気でなかったようです。稲盛さんの様子をうかがいながら、言葉を選びながら、慎重に尋ねました。

「視察いただきありがとうございました。新しい生産ラインはいかがでしたでしょうか？」

すると稲盛さんは、視察の疲れを見せることなく、明るい声でほめてくれたのです。

「ありがとう。新しい生産ラインは**本当に素晴らしい。よくやってくれた！**」

稲盛さんの力強いほめ言葉を聞いた幹部たちは、その日はじめて表情が緩みました。

尊敬する稲盛名誉会長が、忙しい時間を割いて、日本から中国の広東省までわざわざ視察に来て、彼らの工場をほめてくれたわけです。それは彼らにとって望外の喜びだったのでしょう。同行した私もホッと胸をなでおろしました。

ところが、その直後、稲盛さんが、声の調子を落として、冒頭の言葉を口にしたのです。

「**この工場の生産ラインは素晴らしい。ただ、来年はまったく違うものにしてくれ**」——。

一瞬、私は耳を疑いました。

この言葉は、ほめているのか、注文をつけているのか、よくわからなかったからです。

この工場の生産ラインは「素晴らしい」のに、なぜ「来年はまったく違うもの」にする必要があるのか——現地の幹部たちも、私と同様、一様に**煙に巻かれた表情**をしていました。

そして、私たちの顔を見ながら、稲盛さんは次のように釘を刺したのです。

「創造的な仕事をする」ための基本

「人がほめたからと言って、安心してはダメだ」——。

稲盛さんは、私たちにそう釘を刺して、話を続けました。

「俺がほめたからと言って、安心してもダメだ。たしかに、この工場の生産ラインは素晴らしい。しかし、いつの時代も競争は厳しい」

「この画期的な生産ラインも、このままではすぐに陳腐化してしまう。謙虚になって、他社の新しい生産ラインからも学び、これから**どう改良改善すべきかを考える**くらいでないといけない」

最初は煙に巻かれた表情をしながら、稲盛さんの話を聞いていた現地の幹部たちも私も、だんだんと稲盛さんの真意がわかってきました。そして、稲盛さんの次の言葉で、私たちは、前項の冒頭で紹介した謎めいた言葉の意味に心から納得できたのです。

「そうすれば自然と、この画期的な生産ラインも、来年はまったく違うものになるはずだ」

稲盛さんはそう言って、話を終えました。

たしかに、**「この工場の生産ラインは素晴らしい」**——。ただ、今日から**改良改善を考えれば、「来年はまったく違うもの」になる**はずだ——。

つねに「これでいいのか」ということを考え、見直し、改善、改良していく。

これこそが、稲盛さんが言うところの**「創造的な仕事をする」**ということなのでしょう。

仕事が「素晴らしく進歩する瞬間」がある

「昨日よりは今日。今日よりは明日。明日よりは明後日」――。

この言葉は、**稲盛さんの有名な仕事哲学**です。

毎日の仕事の中で、「これでいいのか」ということをつねに考える。そして、昨日よりは今日。今日よりは明日といった具合に、与えられた仕事に対し、改良改善を考え続ける。それが創造的な仕事につながっていくのです。

こうしたことの繰り返しによって、人も仕事も素晴らしい進歩が遂げられる――。

日々、稲盛さんから、そのようなことを私は教えられてきましたが、この中国の広東省での視察ではじめて、「創造的な仕事をする」ことの意味が心から理解できたように思います。その意味では、この視察が「いい勉強になる」という稲盛さんの言葉は、まさに正鵠《せいこく》を射たものだったと感じたものです。

当たり前の話ですが、仕事では、一つひとつの改良改善が大きな成果につながります。

ただ、私たちは人からほめられると、思考停止に陥ることが少なくありません。「改良改善を考え続ける」結果として、大きな成果を得られたにもかかわらず、人からほめられると、そこで**満足してしまって思考が停止してしまう**のです。結果、いつの間にか「改良改善を考え続ける」ことを怠るようになります。

また、一回ほめられると、また同じことをやっておけば、またほめられるかもしれない、少なくとも怒られることはないだろうと、ついそんなことを考えてしまうものです。これも一種の思考停止と言えるでしょう。

これでは進歩など望むべくもありません。

「昨日ほめられても今日。今日ほめられても明日。**明日ほめられても明後日と工夫を続ける**」——。

創造的な仕事をするには、このような**小さな改良改善を日々積み重ねる**ことが欠かせないのです。極端な話、叱られてもほめられても、つねに新しいやり方を模索し、「改良改善を考え続ける」ことでしか、私たちは進歩することができないということなのでしょう。

人の心は弱いものです。

人からほめられると、すぐに慢心が起こります。

そして、「改良改善を考え続ける」という気持ちがいつの間にか失われてしまいます。

稲盛さんは、そのことが痛いほどわかっていたのでしょう。

ですから、稲盛さんのほめ言葉を聞いた幹部たちの緩んだ表情を見て、**おそらくは、一言、釘を刺す必要性を感じた**のかもしれません。しかも、稲盛さんが中国の広東省に視察に行くことなど、めったにないことです。だからこそ、現地の幹部たちを、その場で叱咤激励しようと判断したのではないでしょうか。

その後、その工場では、稲盛さんの言葉通り、「改良改善を考え続ける」ことになったに違いありません。と言うのも、その工場は、その後も、収益性の高い生産ラインを作り上げていくことになったからです。

稲盛さんの言葉の効果は、絶大なものがあったのです。

12

掃除を「創造的に取り組む」と、どうなるでしょうか？

つねに「昨年よりいい一年」を生きる

「知恵があり、**工夫を怠らない人**というのは、**掃除の仕方も違う**ものです」——。

稲盛さんは、京セラ社内での講演会、社外の講演会などで、「改良改善を考え続ける」ことについて話すことがよくありました。そのとき、よく引き合いに出していたのが、意外に思う方もいるかもしれませんが、「掃除の仕方」についてです。

「漫然と取り組んでいた掃除を、創造的に取り組んでいくと、どうなるでしょうか?」

稲盛さんがいきなり掃除の話をするわけですから、はじめて聞く人は驚くことも多かったようです。稲盛さんは「仕事の仕方」だけでなく、「掃除の仕方」まで話すのかと意外に思われたのかもしれません。

ただ、稲盛さんにしてみれば、**掃除のような日常生活の何気ない行ない一つにも、「創造的に仕事をする」ヒントがたくさん見いだせる**ということなのでしょう。

掃除にしても仕事にしても、誰がやっても同じ結果になるということはありません。人によって効率も結果も大きく変わってきます。知恵があり、工夫を怠らない人というのは、仕事はもちろんのこと、掃除に至るまで「改良改善を考え続ける」はずです。**「創造的な掃除」は「創造的な仕事」につながる**ということなのでしょう。

「知恵があり、工夫を怠らない人というのは、掃除の仕方も違うものです。たとえば、最初はほうきで前から掃いてみても、次には、後ろから掃いたりするのではないでしょうか。さらには、ほうきの種類を変えてみる。またはモップを使ってみる。そんな**創意工夫を毎日する**に違いありません」

稲盛さんの掃除の話がここまでくると、最初は驚いていた人も、誰もが納得した顔をして聞いていたものです。「掃除を創造的に取り組む」たとえ話が、「創造的な仕事」につながることが理解できたからでしょう。

「そうやって掃除に対して、日々、創造的に取り組んでいれば、自然と生産性も高まるでしょう。上司に願い出れば、掃除機を買ってもらうこともできるはずです。**さらには、その掃除機を自分で改良するまでになる**かもしれません」

稲盛さんは、さらに話を続けます。

「そのような創意工夫を日々重ね、一年も経てば職場で誰からも**掃除のプロフェッショナルとして高く評価される**ことになるでしょう。やがてはビル清掃を請け負う会社を設立し、独立することさえ不可能ではないもしれません」

つまり、**掃除一つで、人生を変えることも不可能ではない**のです。

ただ、「たかが掃除」と思って、創意工夫を怠り、漫然と掃除をしている人は、おそらく何の進歩も発展もないはずです。おそらく一年後も今と同様に、だらだらと掃除をしているに違いありません。

これは掃除に限らず、仕事にも人生にも通じることです。

「去年以上に良くすること」が、この一年間、生きてきた証

「今年は、去年より、何かしら良くなっていなければならないんだ」——。

ある打合せで、稲盛さんがこう言って、私を諭してくれたことがあります。

「何ごとも、今年は去年以上に良くしなければ、意味がない」——。

そのとき、私は、このことを稲盛さんから教えてもらい、心から理解したように思います。私にとって大変印象深かった時間であっただけでなく、**「研究開発者・稲盛和夫」の原点**を感じさせるエピソードでもあるので、ぜひご紹介したいと思います。

その日は、海外の文化人を招聘《しょうへい》したセミナー開催に向けて、どの程度、準備が進捗しているかを稲盛さんに報告することになっていました。そのセミナーは、ちょうど一年前に第一回目を開催し、大変好評で成功を収めたので、その年、第二回目を開催することになったのです。

じつは、一年前の第一回目のセミナーも、私が担当したのです。**第一回目がうまくいかなければ、当然、第二回目はない**わけですから、一年前は相当の重圧を感じながらも、慎重にセミナーの準備を進めました。関係部署の協力を得ながら、広報活動、スケジュール調整、当日の段取りなどなど、事細かに準備をして臨んだものです。

その甲斐もあって、第一回目のセミナーは成功のうちに終了しました。

セミナー終了後、稲盛さんからねぎらいの言葉をかけていただき、私はようやく重圧から解放され、安堵したことをよく覚えています。

第一回目の成功があったからこそ、今年のセミナーも企画されたわけです。私は第二回目の成功体験の記憶が鮮明に残っていました。そうしたこともあってか、私は第二回目のセミナー開催の準備も、第一回目と同じ要領で進めていけば、問題もなく、うまくいくと考えていたのです。

「セミナーの準備は、どうか？」

第二回目のセミナーの打合せで、冒頭、稲盛さんから私は、準備の進捗状況について聞かれました。私は準備の詳細を説明する前に、まずは稲盛さんに安心してもらいたいと思い、こう切り出したのです。

「ご安心ください。基本的には、**去年と同じように**進めています」

すると、驚いたことに、稲盛さんの表情がみるみる険しくなってきたのです。

「**去年と同じ？……**」

稲盛さんはそうつぶやくと、一言、強い口調で私を一喝しました。

「**去年以上に良くすること**が、この**一年間、お前が生きてきた証**だろう」

「この一年間、お前が生きてきた証」――私は、稲盛さんのこの強い言葉にたじろぎました。

私は稲盛さんに安心してもらいたいと思って発言したわけですから、まさか一喝されるなどとは想像だにしていなかっただけに、大変驚いたものです。

稲盛さんの叱責は、それだけで終わりませんでした。

「少しでも優れた商品を、少しでも安く作る」視点

その一喝に続けて、稲盛さんは、これまで私が聞いたことのないような厳しい叱責の言葉を、口にされたのです。今にして思えば、この厳しい言葉を浴びたからこそ、私は稲盛さんの仕事哲学を身をもって理解できたように思います。

「良薬は口に苦し」です。

最初、私はその一言にかなり戸惑いましたが、効果は抜群でした。

「去年と同じなら、**この一年間、お前は死んでいたのか？**」――。

稲盛さんのこの一言は、衝撃的でした。

稲盛さんから、あまりにも厳しい叱責の言葉を受けて、私はそれこそ**身のすくむ思いで、しばし呆然としていた**ことを覚えています。「この一年間、お前は死んでいたのか？」という言葉は、それだけ当時の私にとってはショックなものだったのです。

報告会の冒頭から想定外の展開になり、すっかり混乱している私を見て、稲盛さんも言

いすぎたと思ったのかもしれません。稲盛さんは声のトーンを抑えて、優しい口調で私を諭すようにこう続けました。

「今年は、去年より、何かしら良くなっていなければならないんだ。そうでなければ、**この一年、お前は何も成長していなかったことになる**じゃないか」

稲盛さんにそこまで言われて、私が厳しい言葉で叱責された理由がようやく飲み込めてきました。

「昨日よりは今日。今日よりは明日。明日よりは明後日」——。

前述したように、この言葉は、**稲盛さんの有名な仕事哲学**です。

私は事あるたびに、稲盛さんから、この言葉を聞かされていました。

ですから、頭では稲盛さんの考え方をよく理解しているつもりだったのですが、肝心の実践が伴っていなかったのです。

「昨日ほめられても今日。今日ほめられても明日。明日ほめられても明後日」といった具合に、**「改良改善を考え続ける」**ことでしか、私たちは進歩することができません。それを日々、稲盛さんから教わっていたにもかかわらず、第一回のセミナー終了後、稲盛さんからねぎらいの言葉をかけてもらっただけで、私は思考が停止してしまったのかもしれません。

そのあげくに打合せの冒頭で、当の稲盛さんに向かって、「ご安心ください。基本的には、去年と同じように進めています」などと切り出したわけです。

稲盛さんが私に落胆したのも、激怒したのも、心から理解できました。

「この一年、**どれだけ付加価値を生んだのか**、それを考えなければならない」

稲盛さんは念押しするようにして話を続けてくれました。

「**去年、九人の人間でやっていたのなら、今年は八人でやってみる**。去年、一〇〇万円でやっていたのなら、今年は九〇万円でやってみる。そういうことが大事なんだ。とにかく**去年と今年では何か変えなければダメ**だろう」

私はこの言葉に、「研究開発者・稲盛和夫」の原点を見るような思いがしました。

稲盛さんは京セラを創業された当時、「**つねに日々、進歩していかなければならない**」という危機感に突き動かされていたと思います。モノ作りの現場で、「**去年よりも少しでも優れた商品**」を、「**去年よりも少しでも安価**」で作らなくては、競争に負けてしまうという思いがつねにあったのでしょう。

その危機感が、京セラ、さらにはＫＤＤＩの成長発展につながったと言えます。

この日以来、第二回目のセミナーの準備はもちろんのこと、私の仕事に向かうスタンスは明らかに変わりました。

「去年以上に良くすることが、この一年間、生きてきた証」——。

そのことをつねに意識して、仕事に取り組むようになったと思います。

13

仕事の「こだわり」が、仕事をダメにすることもある。

「独善的になると、何をしてもうまくいかなくなるんだ」——。

京セラである研究開発会議が終わった後、稲盛さんは私にそうつぶやきました。

稲盛さんは、経営関係の会議に出席することが多いのですが、その日は、機会あって久しぶりに研究開発会議に出席したのです。**稲盛さんは技術開発者として仕事人生をスタートしています**から、研究開発会議には相当に高い関心があったに違いありません。

実際、その日の研究開発会議もとても充実したものだったらしく、会議終了後、稲盛さんは、いつになく心が高揚されているような様子でした。

「京セラの技術開発者は、さすがに優秀な人材が多い。ただ、優秀であればあるだけ、また専門知識があればあるだけ、人の意見を聞かなくなったり、視野が狭くなって独善的になったりしてしまうことがある」

「一度、独善的になると、何をしてもうまくいかなくなるんだ。独善的になることが、一番ダメだ。彼らについては、今はそれだけが心配だな」

優秀な技術者たちに満足する一方で、**優秀だからこその不安もある**というのです。

稲盛さんから「独善的」という言葉を聞いたのは、そのときがはじめてだったように思います。「独善的」とは、簡単に言えば**「独りよがり」**のことです。

じつは、当時、私は稲盛さんから、「大田のアイデアは独りよがりで、見ていて心配だ」と何度も注意をされていました。ですから、稲盛さんが言った「独善的になると、何をしてもうまくいかなくなるんだ」という言葉を、自分の問題として聞いていたのです。

稲盛さんは、さらに話を続けます。

「独善的な人間は、実際はたいしたことも知らないのに、自分は何でも知っていると信じている。そのため他人の意見を聞かない。**反対する人がいたら、すぐに退けてしまう。だから、結局は、誰も協力してくれなくなる**んだ」

「独善的な人間が厄介なのは、自分が正しい、善いことをしていると信じているから、反省しないことなんだ。結局、何もかもうまくいかなくなる。優秀な技術開発者にはそんな独善的になる者が多い。開発者だけではない、**よほど気をつけないと誰でもそうなってしまう**。お前も気をつけろよ」

「独善的」——つまり「独りよがりが一番ダメ」な理由を、稲盛さんからこれだけ丁寧に言われたわけですから、さすがの私もそのときは身につまされる思いがしました。

もちろん、私にしても「独りよがりのアイデア」を出している意識など、あるはずもありません。私なりに「善いことをしていると信じて」、アイデアを提言しているつもりだったのです。ただ、それが稲盛さんから見たら、単なる「独善」、つまり「独りよがり」に見えることがあったのかもしれません。

しかも、稲盛さんが指摘されたように「独善的な人間が厄介なのは、自分が正しい、善いことをしていると信じている」点です。

ただ、人は自分の「独善」に、なかなか気づくことができないものです。

「独善」に気づくには、どうすればいいのでしょうか？

おそらくは、**稲盛さんのように、つねに自問自答するしかない**のかもしれません。

「動機が善であり、私心がなければ」必ず成功する

「動機は善であるか？　私心はないか？」――。

これは、**稲盛さんの有名な自問自答の言葉**です。

ここでは読者の方にわかりやすいように、あえて口語体にしています。実際、稲盛さんが口にされていた言葉は文語体です。

「動機善なりや、私心なかりしか」というのが、稲盛さんの本来の自問自答の言葉です。

稲盛さんは、第二電電（現在のＫＤＤＩ）を創業するに際して、この言葉を自問自答し、自分の心に「独善」や「私心」がないかを、つねに問いかけていたと言います。

今から四十年ほど前、日本の電気通信事業が自由化されたときの話です。

電気通信事業において、企業の新規参入が認められるようになったのです。当時、京セラはまだ売上規模二〇〇〇億円程度の中堅企業にすぎませんでした。

ただ、稲盛さんは「これは**一〇〇年に一度あるかないか、という大転換期**だ。この機会を逃すことなく、挑戦してみようではないか」と、電気通信事業への参入に大変積極的だったのです。

と言うのも、当時、日本の通信料金はアメリカなどに比べてとても高く、多くの企業、多くの国民が苦しんでいると、稲盛さんはつねづね、問題視していたからです。京セラが電気通信事業に新規参入することで、高止まりしていた通信料金を下げることができれば、高度情報化社会を迎えていた**当時の日本にとって、まさに「善きこと」だと思われた**のでしょう。

しかし、稲盛さんは、すぐには決断しませんでした。

「動機は善であるか？　私心はないか？」――。

半年間というもの、毎日、この自問自答をし続けたのです。

つまり、京セラが電気通信事業に参入する動機は、「善きこと」なのか――。そこに「独善的なもの」「私心」はないのか――。電気通信事業に参入するのは、本当に日本社会のため、国民のためなのか――。そこに事業欲や名誉欲があるのではないか――。

稲盛さんは、日々、自分の心にこのように問いかけたと言います。

稲盛さんが、半年間も、それも毎日、自問自答を続けたということに、私は驚かされます。「善きこと」をしているようでいて、**人間がいかに「独善」に陥りやすい存在なのか**を、稲盛さんは心底、理解していたのでしょう。

そして、自分をもけっしてその例外とは考えなかったのです。

だからこそ、半年もの間の自問自答が必要だったのでしょう。その結果、稲盛さんは**自**

分の動機が「善」であること、「私心」が微塵もないことを確信するに至ります。

「動機が善であり、私心がなければ、結果を問う必要はない」――。

後年、稲盛さんは、このようなことをよく口にされていました。

なぜ、「結果を問う必要はない」のでしょうか？

なぜならば、**「動機が善であり、私心がなければ、必ず成功する**からだ**」**――。

とても力強い言葉だと思います。

実際、当時、創業した第二電電は、現在、ＫＤＤＩとして大きく成功しているのです。

「結局、自分を変えられるのは、自分だけなんだ」

「俺のこだわりが、京セラをダメにするかもしれないんだ」――。

稲盛さんが静かにそう言ったとき、私は大変驚きました。

稲盛さんのこだわりが、京セラをダメにする？　まさか！――。

むしろ、稲盛さんの**こだわりがあったからこそ、京セラという会社が誕生し、確固たる**

礎が築かれ、今日の繁栄した姿があるわけです。このことは、誰が見ても明白な事実に違いありません。

それなのに、なぜ「俺のこだわりが、京セラをダメにするかもしれない」――などと、稲盛さんは言われるのでしょうか？　私は理解に苦しみました。

これは稲盛さんが六十五歳になり、京セラの会長を退任することを決めたときの話です。

稲盛さんは、以前から、六十歳になったら経営の第一線から退きたいと考えていました。ただ、稲盛さんが六十歳になったころは、ちょうど先ほど紹介した第二電電（現KDDI）の経営が軌道に乗り始めており、まさに多忙を極めていたのです。

結局、「**六十歳で経営の第一線から退く**」という稲盛さんの願いは叶うこともなく、忙しく時間ばかりがすぎていきました。

そこで稲盛さんは、次の区切りである「六十五歳」で、経営の第一線からどうしても身を引きたいと話をしていたのです。そして、実際、**稲盛さんは六十五歳になったとき、京セラ、第二電電の会長職を退き、名誉会長に就任される**ことになりました。

六十五歳とはいえ、当時の稲盛さんは、まだまだエネルギッシュで、実際、健康そのもの。精悍な風貌も変わらず、経営判断もつねに的確でした。六十五歳という年齢も、現役の経営者としてはけっして高齢ではありません。

ですから、私は、稲盛さんが「六十五歳で経営の第一線から退く」理由がまるで理解できなかったのです。それどころか、稲盛さんには、これからも「京セラのトップ」として指導し続けてほしいとさえ願っていました。私のそんな思いを率直にお伝えしたときに、稲盛さんが口にされたのが、冒頭で紹介した言葉だったのです。

稲盛さんは話を続けました。

「たしかに、俺は多くの実績を残してきた。だから周りの人は誰も批判しなくなり、ほめそやす。そういう自分がいつまでもトップでいると、**自分のやり方にこだわり、人の意見も聞かなくなる**こともあるだろう」

私には意外でしたが、稲盛さんは、「善きこと」と思われた、自分のこだわりが「独善」に変わることを懸念されたのでしょう。

もちろん私には返す言葉もありません。

「実際、自分より年長の経営者を見ると、年を取るとどうしても意固地になり、自分の地位や名誉にこだわり、無理をするようになる。それで晩節を汚した人もいる。結局、**自分を止められるのは、自分だけなんだ**」

自分を止められるのは、自分だけ――。

つまり、稲盛さんは、まだ自分が冷静な判断ができるうちに、自分の身を経営から引かせようとしたわけです。そして、それができるのは、結局、自分以外にはいないと判断されたのでしょう。

「動機善なりや、私心なかりしか」――。

この結論に至るまで、稲盛さんは何度も何度も自問自答されたに違いありません。

人生は「三つの時期」に分けられる――と考える

稲盛さんが六十五歳で経営から身を退くことには、**もう一つ確たる理由**がありました。

当時、稲盛さんは、ご自分の人生を「八十年」くらいの時間と思っていたと聞きます。

そして、その**「八十年」の人生を、稲盛さんは三つに区切って考えていた**ようです。

生まれてから最初の二十年は、社会に出るまでの準備期間――。

その後の四十年は、社会のために、自己研鑽のために働く期間――。

そして、最後の二十年は、魂の旅立ち（死）への準備期間――。

これが**当時の稲盛さんの人生観**だったのです。

そして、当初の予定から五年遅れはしましたが、六十五歳になったとき、稲盛さんは、京セラ、第二電電の会長職を退き、**「魂の準備期間」**に入られたのです。

具体的には、京都・八幡の円福寺で、得度をされました。

得度とは、「剃髪《ていはつ》して仏門に入ること」を意味します。稲盛さんが髪の毛をそり落とし、托鉢僧《たくはつそう》の姿でお経をあげている姿は、当時のメディアでも大きく取り上げられたので、ご存じの方も多いかもしれません。

稲盛さんは、円福寺の老師から「得度されたらいい。しかし、その後は実社会に戻り、社会に貢献するのがあなたにとっての『仏の道』でしょう」と言われたと聞きます。

当時のことを思い返すと、私は、稲盛さんが「俺のこだわりが、京セラをダメにするかもしれないんだ」と口にされたときの凛《りん》とした表情が心に浮かぶのです。と言うのも、そのとき、最後に稲盛さんが、「経営から身を引いたら、かねてから念願している仏門に入って、**人間というものをもっと深く学んでみたい**んだ」と話されていた笑顔が鮮明に思い出されるからです。

得度されて、実社会に戻ってからも、長い年月、稲盛さんは「仏の道」を歩まれていたに違いありません。

そして、わが師、稲盛和夫さんは、二〇二二年八月二十四日、永眠されました。

今、私は稲盛さんがよく仰っていた「**魂の不滅**」ということに、強く思いを馳せるのです。

5章

稲盛和夫「創造性が高まる」2つの言葉

14

いいリーダーとは、「現場の力」を引き出すリーダーだ。

「月二〇〇〇円のコスト削減」の絶大なる効果

「**月々、二〇〇〇円のコスト削減**ができています！」――。

ＪＡＬの空港カウンター業務の若い女性が、稲盛さんにそう報告したことがあります。

「月々、二〇〇〇円」という金額の少なさに、驚かれた読者もいるかもしれません。

これは二〇一二年、ＪＡＬで実際にあった話です。

その日、大阪国際空港（伊丹空港）の近くにあるＪＡＬのオフィスで、一〇〇人ほどの幹部、社員を対象に、「ＪＡＬフィロソフィ」の勉強会が開催されたのです。

しかも、その勉強会は、東京から会長の稲盛さんを迎えての特別なものでした。

稲盛さんも参加されるので、大阪の社員たちも、さぞや張り切っていたと思います。

稲盛さんはＪＡＬの会長に就任されてから、できるだけ多くＪＡＬの**現場に足を運び、できるだけ多くの社員と接する**ことを大変大事にされていました。

現場の社員の生の声をたくさん聞いて、それに対して自分の生の声を直接伝えたいという思いがあったようです。そうすることで、「ＪＡＬフィロソフィ」を、ＪＡＬの社員に少しでも早く浸透させたいと考えられていたのでしょう。

ただ、当時は、ＪＡＬの再建もまだ道半ばのころで、稲盛さんも多忙を極めており、国内外に数多くあるＪＡＬの拠点すべてを訪問することなど、およそ不可能なことでした。実際、国内の主要拠点の一つである、大阪のオフィスを正式に訪問できたのも、そのときがはじめてだったのです。

稲盛さんがＪＡＬの会長に就任されてから、すでに二年近い年月が経っていました。稲盛さんをはじめて迎えるとあって、その日の大阪のオフィスは大変な熱気に満ちていたことを覚えています。

稲盛さんが会場に入ると、一〇〇人ほどの幹部、社員が大きな拍手で迎えました。

そして、その熱気の中、勉強会はスタートしたのです。

勉強会はまず、大阪のオフィスが、「ＪＡＬフィロソフィ」をベースに、いかなる経営改善に努めてきたのかという報告から始まりました。数人の幹部から、**「百万円単位のコスト削減」の報告**が続きました。

私は幹部たちの話を聞きながら、大阪のオフィスでも**ＪＡＬ再建が着々と進んでいる**と感じて、ずいぶんと頼もしく思ったものです。

そのとき、私はふと稲盛さんの顔を見ました。

稲盛さんは、目をつぶりながら、黙って幹部たちの報告を聞いていました。報告を聞きながら、ときにうなずかれていたのは、大阪のオフィスに「ＪＡＬフィロソフィ」が確実に浸透しているのを、感慨を込めて受け止められていたのかもしれません。

幹部たちの報告が終わった後、伊丹空港でカウンター業務を担当している女性社員が、報告を始めました。冒頭で紹介した若い女性社員です。

彼女は、コスト削減が難しいと思われているカウンター業務であっても、**工夫を重ねさえすれば、月々、二〇〇〇円程度のコスト削減が十分に可能であるとの報告**をしていました。具体的には、空港のカウンターで手荷物につけるタグの使い方を工夫すれば、ムダにタグを使うことなく、コストを削減できると言うのです。

私は彼女の報告を聞きながら、だんだんと不安になってきました。

もちろん、彼女の努力は大いに認めるところではありますし、タグに目をつけるその着眼点も素晴らしいものがあると思います。ただ、いかんせん**「月々、二〇〇〇円」というコスト削減の金額が少なすぎると感じた**のです。

幹部たちの、「百万円単位のコスト削減」の報告をいくつか聞いた後なので、彼女のコスト削減金額の少なさが、私にはなおさら際立って聞こえたのかもしれません。稲盛さんが彼女の報告を聞いて、どう思われるか、まったく見当がつきませんでした。

「月々、二〇〇〇円のコスト削減ができています！」――。

彼女の報告が終わったとき、私は再び稲盛さんの顔を見ました。

ただ、私の心配は杞憂だったようです。と言うのも、先ほど、幹部たちの報告を聞いているときは、稲盛さんは目をつぶって黙って聞いているだけでしたが、彼女の報告が終わったときは、嬉しそうに目を細められていたからです。

稲盛さんは、彼女の報告を聞きながら、私とはまったく違う感想を抱かれたようです。

実際、彼女の報告が終わった後、**稲盛さんは彼女を高く評価**しました。

「リーダーの目」で見ようとすると、必ず見えてくるもの

「**素晴らしい**。あなたの発表を聞いて、私は**大変な感銘を受けました**」――。

稲盛さんは、開口一番、その女性社員をそう高く評価したのです。

稲盛さんの言葉を聞いて、その女性社員は喜ぶというより、驚いているようでした。

今にして思えば、若い彼女の気持ちもわかります。**「経営の神様」とまで言われている人物**から、「大変な感銘を受けました」とまで言われたわけですから、喜びを通り越して、驚いてしまったのでしょう。

稲盛さんの「大変な感銘を受けました」という言葉に、会場からも驚きの声が上がったことを覚えています。その瞬間、それまで熱気に満ちていた会場が、さらに活気を帯びたように感じられたものです。

大阪のＪＡＬの社員にも、稲盛さんの現場を大切にする気持ちが伝わったのでしょう。その女性社員も、しばらくすると稲盛さんにほめられた喜びを、表情に出していました。

彼女の笑顔を見ながら、稲盛さんは話を続けます。

「あなたのように、**一人ひとりの社員が、少しでも会社をよくしようと、工夫を重ねる**。そういう努力が一番大事なのです。その意味で、あなたはすでに立派なリーダーだ」

「立派なリーダー」――彼女の顔が若干、紅潮したように見えました。

稲盛さんはさらに言葉を続けます。

その言葉は、彼女だけでなく、その会場にいた全社員に向けられたものでした。

「経営者や幹部がコスト削減に努めるのは、マネジメントが仕事なのだから、ある意味、当然のことです。言葉はきついかもしれないが、あえてほめることでもない」

「ただ、あなたのように、お客様サービスを担当する**カウンター業務の社員が、経営者や幹部と同じような気持ちになる**。そして、知恵を出し、コスト削減に努めるということは、とても素晴らしいことです」

「一つひとつの金額はたしかに小さいかもしれない。しかし、JALの**全社員が、あなたと同じような気持ちになって知恵を出せば、その効果は絶大なものになる**。あなたの発表に込められているフィロソフィに、私は感銘を受けました」

稲盛さんは、このように熱く語ったのです。

そのとき、会場全体が一体感のようなものに包まれたことを、私は今でも覚えています。

「JALの再建は可能だ」――。

前述したように、この言葉は、当時、稲盛さんが事あるごとに、JALの社員の前で口にしていた言葉です。もちろん、私もその言葉を疑ったことなどありませんが、その日の勉強会を通じて、そのことをさらに強く確信しました。

その日の勉強会のエピソード、そして稲盛さんのメッセージは、大阪のオフィスだけでなく、部署を超えて広まっていきました。メールを通して、**瞬く間に、ＪＡＬグループ全体に伝わった**のです。

このことが、ＪＡＬの現場社員の士気を、さらに高めたのは言うまでもありません。

「現場の力」を最大限に引き出す法——全員参加の経営

「いい経営者とは、現場の力を引き出せる経営者のことだ」——。

稲盛さんは、つねづねそう話していました。

前述したＪＡＬの大阪のオフィスでの勉強会の後、しばらくたってからのこと、改めてそういった話を私にされたことがありました。おそらく、そのころは稲盛さんも、ＪＡＬの再建が確実だと確信されていたのかもしれません。

「経営者の仕事とは、現場の力を引き出すことだ。考えてみれば、それは当たり前のことだ。いくら経営者が優秀だとしても、経営者一人でできることは、たかが知れている」

そして、稲盛さんは次のように続けました。

「それよりは、**現場の社員全員の能力をフルに発揮させる**ことができれば、**はるかに素晴らしい経営ができる**はずだ。社員一人ひとりが、どうすれば改良改善ができるかを、日々、真剣に考え、知恵を出すようにすることが大事なんだ」

そして、最後に、次のように話を締めました。

「経営者には、もちろん立派な経営戦略を立てる能力も必要だ。ただ、それ以上に、現場の社員の能力を認め、彼らが進んで経営改善に取り組むようにすることが大事だ。つまり、**全員参加の経営を実現する能力がもっとも重要**なのだ」

稲盛さんは、常日ごろから、**「全員参加の経営」**ということを説かれていました。

「全員参加の経営」とは、一握りの人間だけが経営をするのではなく、「社員全員が経営に参加する」意識を持つといったところに、その神髄があります。「全員参加の経営」の意識が根づけば、現場の社員が「自分も経営者のように、会社がうまくいくように考えよう」と考えるのが当たり前になってくるのです。

稲盛さんが言うには、人間は、**自分で「考えよう」と思った瞬間から、積極性が出てくる**と言います。

そうすれば、指示されなくても、積極的に自ら経営に参画するようになる。具体的には、「自分が経営者であれば、こんなムダは許さない。ならば工夫をして、少しでもムダを減らしてみよう」と考えるようになる。そうすることで自然とムダがなくなっていき、会社経営も素晴らしくなっていくのです。

そして、**その人も、いつしか本当の経営者に近づいていく**わけです。

「考える社員」「考えない社員」どこで差がつく?

「稲盛さんが説く全員参加の経営より、もっと合理的な経営があるはずだ」――。

不遜《ふそん》にも私は、若いころ、よくそんなことを考えていたものです。

前述したように、アメリカのジョージ・ワシントン大学でMBAを取得していた私は、当初、「全員参加の経営」という稲盛さんの考え方にあまり馴染めませんでした。と言うのも、「全員参加の経営」が、京セラ独自のやや非合理的なものに見えたからです。

実際、私がビジネススクールで習った経営学には、「全員参加の経営」というような発想は微塵もありませんでした。**経営者、経営幹部が経営戦略を立て、現場の社員がその戦略に則って仕事をする**——ビジネススクールで教わった通り、私は、これこそがもっとも効率的な経営だと思っていたのです。

当時、まだ若く、少々生意気なところがあった私は、稲盛さんに対して、「全員参加の経営」について、無謀にも次のような意見を口にしたことがありました。

「全員参加の経営もたしかに素晴らしいと思います。ただ、会社の規模が大きくなったら、もっと合理的な経営をすべきではないでしょうか？」

稲盛さんは表情を変えずに、私の話を聞いていました。

おそらくは、自分の若い部下に対して、**「全員参加の経営」の重要性を教えるいい機会だと思われた**のでしょう。稲盛さんは、若い私を諭すように、優しい口調で、次のように答えてくれました。

「現場の社員には知恵はない——お前は、そう思っているのではないか？　だから、現場の社員は、上司の指示通りに働いてもらうのが、合理的だと思っているのだろう」

私はそこまで明確に考えていたわけではありません。ただ、稲盛さんの次の言葉を聞いて、稲盛さんの考え方が理解できたように思いました。

「現場の社員に知恵がないわけではない。**経営者が考えさせていないだけ**なんだ。現場の社員は、考えさせさえすれば、現場の問題点も、その解決策も、だいたいわかるものだ」

そして、私の目を見ながら、前項の冒頭の言葉を口にされたのです。

「**いい経営者とは、現場の力を引き出せる経営者のことだ**」——。

その日私は、「現場」を知らずに、**頭の中で理論だけ考えている自分の非を悟った**のです。

そして、前項のＪＡＬの勉強会で、私は遠いその日、稲盛さんに「全員参加の経営」の重要性を教わったことを思い出したのです。

「月々、二〇〇〇円のコスト削減ができています！」——。

私は、伊丹空港で、カウンター業務を担当している女性社員のこの言葉を聞きながら、若かった日の自分のことを思い出していました。

そして、稲盛さんが考える「全員参加の経営」が、京セラだけでなく、ＪＡＬの大阪のオフィスにも、すでにしっかり根づいていることを実感し、改めて感銘を受けたのです。

「伝説の仕事」が誕生する瞬間

「ＪＡＬの再建は、自分が思っていた以上のスピードで進んでいたのだ」――。

私が改めて、そう実感したことがあります。

大阪のオフィスでの熱気のこもった勉強会から、ずいぶんたったころのことです。

勉強会が開催された当時の大阪地区の支配人と、私はたまたま食事をする機会がありました。食事の席で、話が自然と**大阪のオフィスでの「伝説」の勉強会**の話になったのです。

前述しましたが、そのときの勉強会の様子は、メールなどを通して、ＪＡＬグループ全体に拡散されて、すでに**「伝説」**となっていました。

私はその食事の席で、支配人から次のような話を聞き、驚くと同時に感動したのです。

じつは、勉強会の前に、支配人が、カウンター業務の女性社員に、あえて発表をしてもらうように頼んだのだそうです。と言うのも、勉強会の報告が、幹部たちによる「百万円単位のコスト削減」の報告でスタートすることがわかっていたからということでした。

ただ、幹部たちの報告ばかりでは、ＪＡＬの「現場の社員」たちが努力している姿が、稲盛会長に伝わりません。

そこで、支配人は、「コスト削減」の義務がとくにない、カウンター業務の社員の「コスト削減」の努力を、彼女に発表してもらおうと思ったようです。

支配人は、稲盛さんに、**幹部たちより、そういう「現場の社員」をほめてほしかった**と言っていました。

当初、その女性社員は自分が発表することに、多少、尻込みをしていたようです。幹部たちによる「百万円単位のコスト削減」の報告の後で、「月々、二〇〇〇円のコスト削減」の報告をすることに引け目を感じたのかもしれません。

ただ、支配人は、稲盛さんが、彼女の努力を高く評価してくれると確信していたようです。

私は支配人の話を聞いて、素直に感動してしまいました。

稲盛さんがＪＡＬの会長に就任して二年足らずにして、その支配人はすでに私たちと価値観を共有していたのです。**ＪＡＬの再建は、私が思っていた以上のスピードで進んでいたのだと実感した瞬間**でした。

結果的に、支配人のその思いが、カウンター業務の女性社員にも伝わったのでしょう。

彼女は、勉強会で発表することを同意してくれただけでなく、その強い思いで、あのような素晴らしい報告を私たちにしてくれたのです。そして、**彼女のその強い思いと努力が、稲盛さんにも伝わり、感銘させることになった**と言えるでしょう。

ＪＡＬの現場の方たちの思いが実現することで、その勉強会は「伝説」となったのです。

15

見えてくるまで、考えよう。

「**自分で考えるからこそ、いい仕事ができるんだ**」――。

稲盛さんは私の顔を見ながら、ポツリとそうつぶやきました。

これは、私が京セラの社内制度の改革案について、稲盛さんに報告したときの話です。

報告する当日まで、私は最新の情報を集めるのはもちろんのこと、他社の事例を調べたり、関連資料を読み込んだりと、自分なりにしっかりと準備をしていました。実際、自分が作成した改革案に、私はそれなりの自信をもって報告に臨んだのです。

稲盛さんは、私の話を黙ってうなずきながら聞いていました。そして、私の報告がひととおり終わると、稲盛さんは「この方向で制度改革をしようと考えた理由を、もう一度くわしく聞きたい」といったようなことを聞かれたのです。

それは私が事前に想定をしていた質問でした。

私はすかさず、この改革案が必要だと考えた背景やその理由をくわしく説明し、最後に念押しのつもりで、こう言い添えたのです。

「いくつかの優良企業もすでに、この方向性で制度改革をしているのです」

そして、私はその「**いくつかの優良企業**」の具体名を挙げて、それらの企業の制度改革の進捗状況といったものを説明しました。**私の改革案は、後追いということもあって、それら企業の改革案より、さらに時代の先端を行く内容だった**ので、稲盛さんも評価してくれるのではないかという思いもあったのです。

そんなことを考えていた私の耳に、稲盛さんの想定外の言葉が響きました。

「お前の判断基準は、何なのだ?」

稲盛さんの予想だにしていなかった言葉を聞いて、私は答えに窮してしまったのです。

社内制度の改革案を作成するにあたって、私は入手できるだけの最新の情報はすべて取り寄せ、他社の事例を調べ、関連資料を読み込むといったように、自分なりにしっかりと努力はしてきました。ただ、**「そもそも、自分の判断基準はどうあるべきか?」**といったことについては、お恥ずかしい話、考えたことがなかったからです。

おそらくは蒼白になっていた私の顔を見ながら、稲盛さんは諭すように語りかけました。

「お前は有名人が好きだからな。有名な経営者が言っているから、制度改革をしているから、お前はやりたいのだろう。それなら他の有名な経営者が別なことを言えば、きっとお前も変わる。そんな判断基準では、仕事がうまくいくはずがないではないか」

稲盛さんは、さらに話を続けました。

「仕事をするうえでは、どんなに環境が変わろうとも、**不変の自分なりの判断基準、つまり哲学が必要**なんだ。そうでないと、環境が変わるたびに右往左往し、判断が変わることになる。それでは、組織は動かせないんだ」

そして、最後に厳しい表情をしながら、冒頭の言葉を口にされたのです。

「自分で考えるからこそ、いい仕事ができるんだ」――。

私はこの言葉を聞きながら、今度は赤面していたかもしれません。

と言うのも、この言葉を聞いて、私は稲盛さんの有名な仕事哲学を思い出したからです。

「完成品が見えてくる」仕事術

「**見えてくるまで、考え抜く**」――。

この言葉が、前項の報告会で私が思い出した、**稲盛さんの有名な仕事哲学**です。

稲盛さんはつねづね、仕事において何かを成し遂げようとするときは、つねに「理想の姿」

「完成形」を思い描くべきだと口にされていました。その「理想の姿」「完成形」を実現していくプロセスとして、「見えてくるまで、自分で考え抜く」ということが大切なのです。実際、稲盛さんが若い技術開発者だったころ、「見えてくるまで、考え抜く」ということを習慣にされていたと聞きます。だからこそ、稲盛さんは若いころから、数々の研究を成功させてきたのでしょう。

あるとき、稲盛さんはそのことを、このように表現されていました。

「完成品が見えてくるまで考える」——。

たとえば、新しい仕様の製品を研究開発する必要が生じたとします。

稲盛さんは、その新しい仕様の製品が「どうあるべきか。それはどのようにすれば完成するのか」を、日々、頭の中で実験をしながら考えていたと言います。毎日、そのようにしてシミュレーションを繰り返していると、やがて**「完成した製品」が目の前にあるように、頭の中で思い描けることが多々あった**ようです。

自分自身で考えに考え抜けば、このようなことが実際に起こってくる——。

これが「見えてくるまで、考え抜く」ということなのです。

ひるがえって、私が社内制度の改革案を作成するに際して、そこまで考えに考え抜いたか、どうか――。「完成品が見えてくるまで考える」という次元まで、考えていなかったことは確かです。これがその報告会で、私が赤面した理由でした。

おそらく、稲盛さんは、**「お前の判断基準は、何なのだ?」**という言葉で、私を諭してくれたのでしょう。最新の情報を集め、他社の事例を調べ、関連資料を読み込み、「いくつかの優良企業」の改革案について調査はしていても、「自分で考えているか」「見えてくるまで、考え抜いているか」――と。

自分で考えなければ、画竜点睛《がりようてんせい》を欠くようなもので、何ごとも「完成品」とはならないのです。

大切なことは「お腹の中」に残っている

「大切なことを一生懸命に考えているうちに、自分の価値観、哲学になる」――。

これは稲盛さんの言葉ではなく、日本を代表する哲学者、梅原猛《うめはらたけし》先生の言葉です。

私は、この言葉を、直接、梅原先生から教えていただきました。

稲盛さんと梅原先生は、お二人とも京都を基盤に活動されていただけでなく、宗教的価値観を共有されていたこともあって、生前、大変親しく交流されていたのです。お二人はお互いの人生観に共感するものが多々あったのでしょう。お二人の対談集も、三冊ほど刊行されています。

お二人は、**人類の未来、人類の文明にも、共通の危機感を抱かれている**ようでした。

その危機感の現れだったのでしょうが、かつて文明が栄えていた中国、エジプトなどの古代文明の遺跡にご一緒に旅行をされたこともあったのです。

いずれの旅行も、有難いことに、私も同行させていただきました。

その過程で、私は梅原先生ととても有意義な時間を持つことができたのです。

梅原先生は、いわゆる「**梅原哲学**」という独自の哲学観を打ち立てられた方ですが、そのお話は、哲学や宗教に疎《うと》い私でも大変わかりやすいものでした。私がこんなことを申し上げるのも僭越だとは思いますが、それは梅原先生が、考えに考え抜かれて、ご自分の言葉でお話しされていたからだと思わざるを得ません。

あるとき、梅原先生がこう話されたことがあります。

「大田さん、本をたくさん読まなくてはダメですよ。ただ、本を読んでも、内容はすぐに忘れたらいい。と言うのも、**本当に大切なことは、お腹の中に残っている**からです」

そして、梅原先生は私の目を見ながら、続けてこう話されたのです。

「その本当に**大切なことを、一生懸命に考える。そのうち、それが自然と自分のものになり、自分の価値観、哲学になる**のですよ。それが人生で一番大事なことになるのです」

自分で一生懸命に考えることで、自分の価値観、哲学を手に入れる――。

私は梅原先生の言葉を聞いた後、「見えてくるまで、考え抜く」という稲盛さんの言葉に自然と思いを馳せました。稲盛さんと梅原先生――このお二人の偉大な経営者と偉大な哲学者が同じ価値観を共有していることに、当時、私は素直に感動したことを覚えています。

「**自分で考えるからこそ、いい仕事ができるんだ**」――。

稲盛さんから頂戴したこの言葉を、私はこれからもつねに忘れずにいたいと思います。

それこそが、自分なりの判断基準、哲学を持つ、唯一の法であると思うからです。

あとがき

最後に、本書が生まれたいきさつについて、触れさせていただきます。

二〇一八年の春、私が京セラを退任する直前、三笠書房・取締役の清水篤史さんと話をする機会がありました。清水さんは十年ほど前、稲盛さんの名著として知られる『働き方』を編集された方で、『働き方』刊行後も、親しくおつき合いをしていました。

その話の中で清水さんから、「稲盛名誉会長の人生観、仕事観を、若い世代の方たちにわかりやすく伝えていくのが、名誉会長の直弟子である大田さんのこれからの大事な役割になるのかもしれませんね」と、執筆を依頼されたのです。当初は、「私にそのような大役が務まるのだろうか」という不安がありました。

まずは、私が稲盛さんの秘書になってから書き留めていた50冊ほどのノートを、丹念に読み返しました。しかし、その作業は一筋縄ではいきませんでした。二〇一九年の秋、私は株式会社ＭＴＧの松下剛社長から依頼を受け、会長に就任することになったからです。毎日が非常に忙しくなり、原稿の進捗は滞りがちとなってしまいました。

そんな私に対し、清水さんからは約五年もの間、温かい励ましをいただき、文章表現についても具体的にアドバイスしていただきました。この場を借りて感謝したいと思います。

ＪＡＬの再建時に、稲盛さんは私を会長補佐に任命し、その結果、メディアの中には稲盛さんより二十二歳も若いにもかかわらず、私を稲盛さんの「右腕」とか「側近中の側近」と報道するところもありました。しかし、本書を読んでいただければわかるように、私はいつまでたっても未熟者で、稲盛さんの期待に十分に応えることはできませんでした。

だからこそ、稲盛さんから学んできたことを、私自身が少しでも実践できるようになりたいと思っています。そして、本書を通じて、読者の皆様が稲盛さんの教えを学ばれ、それぞれの人生に役立ててほしいと心から願っています。

稲盛さんには、本書の進捗状況を報告していました。残念なことに、完成した本をお渡しすることは叶いませんでしたが、私の思いは通じていると信じています。

稲盛さん、本当にありがとうございました。　合掌。

大田嘉仁

参考文献

『稲盛和夫のガキの自叙伝』（稲盛和夫、日本経済新聞出版）
『働き方』（稲盛和夫、三笠書房）
『京セラフィロソフィ』（稲盛和夫、サンマーク出版）
『ＪＡＬの奇跡』（大田嘉仁、致知出版社）

本書では個人のプライバシーを配慮し、部署名、役職名、肩書の一部を変更しています。

稲盛和夫《いなもりかずお》
明日《あした》からすぐ役立《やくだ》つ15の言葉《ことば》

著　者——大田嘉仁（おおた・よしひと）
発行者——押鐘太陽
発行所——株式会社三笠書房
〒102-0072 東京都千代田区飯田橋3-3-1
電話：(03)5226-5734（営業部）
：(03)5226-5731（編集部）
https://www.mikasashobo.co.jp
印　刷——誠宏印刷
製　本——若林製本工場

編集責任者　清水篤史
ISBN978-4-8379-2929-1 C0030